普通高中
科学取向教学的研究

——"SCE项目教学系统"的实践探索

李永东　潘云　著

山东教育出版社

图书在版编目(CIP)数据

普通高中科学取向教学的研究:"SCE项目教学系统"的实践探索/李永东,潘云著.—济南:山东教育出版社,2018.2
ISBN 978-7-5701-0050-7

Ⅰ.①普…　Ⅱ.①李…　②潘…　Ⅲ.①科学知识—教学研究—高中　Ⅳ.①G633.72

中国版本图书馆 CIP 数据核字(2018)第 019738 号

普通高中科学取向教学的研究

——"SCE 项目教学系统"的实践探索

Putong Gaozhong Kexue Quxiang Jiaoxue de Yanjiu
——"SCE Xiangmu Jiaoxue Xitong" de Shijian Tansuo

李永东　潘　云　著

主　管:山东出版传媒股份有限公司
出版者:山东教育出版社
(济南市纬一路 321 号　邮编:250001)
电　话:(0531)82092664　传　真:(0531)82092625
网　址:www.sjs.com.cn
发行者:山东教育出版社
印　刷:山东德州新华印务有限责任公司
版　次:2018 年 2 月第 1 版　2018 年 2 月第 1 次印刷
规　格:710mm×1000mm　1/16
印　张:11.75
字　数:184 千字
书　号:ISBN 978-7-5701-0050-7
定　价:26.00 元

(如印装质量有问题,请与印刷厂联系调换)
印厂电话:0534—2671218

序一

  章丘五中李永东校长将他多年带领全校数百余名教师，运用科学取向教学理论和学校管理理论的研究成果"SCE项目教学系统"寄给我，请我为之写序。尽管我对该研究课题有所了解，也参与了部分教师培训工作，但我还是怀着虚心学习和敬佩之心，认真阅读了全部文稿，深觉文中有许多值得我学习的地方。

  科学取向教学理论包括教育目标（或学习结果）分类理论，目标分类学习理论和知识分类教学理论，即目标导向的教学设计与实施（含测评）。长期的研究经验表明，将三个理论运用于某一个学科，并改变教师的备课、上课和评课的行为，使之更科学、更有效，是极为困难的。李校长靠一己之力，苦学理论，又带动潘云老师等这样一批骨干力量，将这些理论运用于高中语、数、外，理、化、生和政、史、地等学科，并取得明显成效，其困难之大可想而知。我佩服李校长的远见和毅力！

  从李校长的"前言"可知，他一贯重视科研兴校。他曾带领教师从事过"高中学段单元目标教学实验"和"诱思探究教学实验"。通过这些研究，他组织教师学习过有关西方学习与教学理论著作。但系统学习科学取向的教学理论，是在山东省原教科所许爱红研究员主持全国教育科学规划"十二五"课题——"科学取向教学论在中小学学科教学中的应用研究"之后的事。为什么在短短数年间，章丘五中的教师备课、上课和评课的行为发生了显著改变，教学效率明显提高？这还应从李校长善于学习与运用学校管理科学有关。他充分调动了学校各层次管理人员和教师的积极性与主动性。传统备课只需要准备好自己的讲课内容和准备相关的设施；现在的备课要准备导学案(包括预习案、探究案、训练案)、导教案(包括新授课、复习课、讲评课)。备课要经历个人备课、集体备课、个人第二次备课等流程。如果没有各层次管理人员和教师的共同努力,完成这些改变教师的教学行为的任务是不可能的。所以我佩服李校长的管理才能!

李校长不仅善于充分调动教师的积极性,而且善于充分调动学生的积极性。我从听课中发现,许多课堂上的合作学习流于形式。但章丘五中的小组合作学习有组织上的保证:组长经过严格挑选,组员经过精心搭配,优势互补;合作学习有一定的程序,并能及时对小组的绩效进行评价。这样的合作学习,不仅能减轻教师授课的压力,也能培养优等生的表达能力。

有考试,一定有应试。应用科学取向教学论来改变教师的备课、上课和评课的行为,决不是为了反对、应对考试,而是为了克服教师不善于运用学习规律和教学设计原理的缺陷,减少或杜绝加班加点、大量做习题、死记硬背等有悖于学习科学的做法。

单有科学取向教学论或科学的管理都不足以很快改变一个学校的面貌。如果能将科学取向教学论与科学管理二者有机结合,经若干年努力,将会有许多像章丘五中这样的学校出现。章丘五中在二者结合上开了一个好头,建构了一个良好的"SCE"思考框架。这个框架中的填充物还有待进一步开发和打磨。例如开发体现科学取向教学论原理的各学科教学案例及其评析。这项工作不是一所学校所能完成的。我写这个序言一是对章丘五中所选择的研究方向予以肯定,另一个目的是希望有更多中小学学校领导和教师能参与到这项工作中来。经过若干年合作研究,我们将为中国的素质教育蹚出一条新路。

皮连生

2017 年 11 月

序二

从 2014 年以来，我总会如期收到章丘五中李永东校长发来的"喜报"。其实，这所普通的高级中学，已经连续 9 年实现了高考一本上线率和本科上线率的高速增长！除此之外，《山东教育》杂志社的记者还这样描述了这所学校："与之同步的是学生德、智、体、美全面发展，是学生乐学善学、自强自立的精神面貌，是弥漫在校园里的乐观进取的青春气息……"

与这所学校结缘是非常偶然的。从 2012 年开始，在我国著名教育心理学家皮连生教授的指导下，我申报了全国教育科学规划重点课题"科学取向的教学论在中小学学科教学中的应用研究"，题目虽然是"中小学"，但起初我们只计划研究义务教育阶段，并没有涉及高中教学研究的打算，也缺乏这种研究能力。课题组核心成员中，有一位章丘五中李校长的学生，名叫彭其斌，他在看望李校长的时候，介绍了我们的课题，并激起了李校长对这项研究的兴趣。出于对高中教学改革的敬畏，我谢绝了他推荐章丘五中参加研究的想法。让我没想到的是，李校长在看了我们课题的研究资料之后亲自登门拜访，要求参加研究！无奈之下，我只好与李校长约定：可以跟着学习基本的原理，但是在与学科教学的结合上，可能要靠学校自己摸索。

更让我没有想到的是，这所没人"指导"的实验学校，竟然成了我们课题组中对理论理解最深透，实践成果最丰硕的成员。

随着对学校了解的增多，现在想来，这种"偶然"的相遇，其实是一种必然。章丘五中在李校长的领导下，自 1999 年起开始研究和实践布鲁姆的"掌握学习"理论，在"先学一家，融汇百家，发展创新，自成一家"的改革思想指导下，章丘五中又先后进行了"诱思探究教学""合作学习"等多项研究，不断向理论和实践研究的前沿迈进。研究教学改进的人,最终都要走向学与教的心理学和系统教学设计的研究之路。皮连生老师多年潜心研究的"科学取向的教学论"也就必然地成为了章丘五中"自成一家"的催化剂。"科学取向的教学论"是基于学习心理学的教学论,是皮老师几十年追踪世界最新研究成果,并在我国中小学中进行教学实验后总结提炼出来的教学理论。皮老师提出了"教学有法、教有优法","学有独立过程、教无独立过程","不同的学习结果有不同的学习条件和过程,需要不同的教学"等一系列主张,为我们学习和实践名目繁多的教学理论提供了可靠的理论框架。

皮老师的理论使得章丘五中的老师们豁然开朗。经过对"科学取向教学论"的反复研读与实践,再加上皮老师及其学术团队的多次指导,章丘五中最终总结出了学校的成功秘笈:"SCE 项目教学系统"。正如书中所说,该系统是以项目管理的方式构建的,集共享式备课(Shared Lesson Planning)、建构式学堂(Constructed Teaching and Learning)和嵌入式评价(Embedded Assessment)于一体的,教育教学计划、实施和管理系统,是一个贯穿教学准备、教学实施和教学评价全程,以学生的学习过程为基础,各教育教学要素相互作用、相互依赖、相互开放、相互促进、和谐共生的统一整体。

值得注意的是,本书中章丘五中的教师们不仅系统呈现了"SCE 项目教学系统"的原理与操作,还对教学资源、学生、教师和教学环境等教学要素在"SCE 项目教学系统"中的具体体现进行了全面论述,介绍了"SCE 项目教学系统"的学生学习方式、教师专业发展和教学资源及制度等保障体系。这是"SCE 项目教学系统"正常运行的保证,是"秘笈"背后的"秘密"。我想,章丘五中是想用这种开放的胸怀迎接每一位同道、每一位读者、甚至是每一位批评者。

"心诚则志专而气足,千磨百折而不改其常度,终有顺理成章之一日"——这既是章丘五中的写照,也是对章丘五中的祝福。

许爱红

2017 年 12 月

前　言

我于 1981 年 7 月参加工作，从事高中英语教学工作 17 年。1995 年 6 月担任教学副校长后继续负责毕业班的英语教学工作，直至 1998 年 7 月。1999 年 3 月担任高中学校校长至今。一直教的是县域三类学生。但即使是这样，所教班级每年均取得期末统考全县第一名、济南市前三名的优异成绩，多次获得济南市表彰奖励。1998 年 10 月，济南市第九届中学英语年会、山东省第十届中学英语年会现场会在山东省章丘第五中学召开，大力推行我独创的"记忆、模仿加创造"英语教学法。

多年的英语教学实践告诉我，任何一门学科的教学成绩的提升，一是靠优化的课堂教学结构，二是靠最佳的教学方法。优化的课堂教学结构主要由以下五部分组成：学什么；学到什么程度；如何学；如何用最少的时间学；如何确信学生学到了这个程度（如何评）。教学方法的选择不再是"教学有法，教无定法"，一旦知识分类后，教学策略的选择十分有限。上述问题必须由师德高尚、业务精湛且善于改革的教师来解决。如何调动教师的积极性，使他们愿意改革，有能力改革，又是学校的一个重大课题。

从单纯的教学来看，优化的课堂教学结构的建构和教学策略的采用是教育心理学的问题。但从学校管理来看，它们却是教育教学改革的一部分。它需要由制度创新、人事改革、学生参与、教师评价等组成，因而是学校的一个系统工程。在经历了资源推进阶段之后，我国的普通高中教育正在向内涵建设、提升质量阶段迈进。在这个过程中，如何更加有效地进行教学，依然是我们需要研究和探讨的基本问题。有学者断言，随着学习科学的发展，根据已有课堂教学改革的经验，建构学习中心课堂应该成为我国当今课堂教学转型的基本取向。这种教学论上的转向，正悄悄孕育着新一轮的课堂教学改革，而在很多学校中，"以学为本""以学定教"的大幕早已拉开。山东省章丘第五中学作为教学改革的执着探索者之一，创造性地将科学取向教学理论和研究成果与高中教育教学实践结合，基于对"如何科学地教、符合学习规律地教"的不断追问，摆脱了基于经验的发展道路，走上了专业发展、科学发展和持续发展的快车道。当改革进入深水区，学校从研究"教什么""教到什么程度"转到研究"如何教""如何用最短的时间教"的教学策略，逐渐总结凝练出了集科学性、系统性和操作性于一体的学校"SCE 项目教学系统"，并形成了"理论引领，系统设计""项目管理，合作学习""案例引桥，实践生成""行动支架，总结强化"的科学发展的推进机制。"科学取向的教学论在中小学学科教学中的应用研究"（课题批准号：DHA120232）系全国教育科学"十二五"规划教育部重点课题。

从 1999 年到 2011 年，学校相继开展了"高中学段单元目标教学实验"和"诱思探究学科教学论在新课程中的运用"的课题研究，全校教师先后系统学习了布卢姆的"掌握学习"理论、赞可夫的"发展性教学"理论、巴班斯基的"教学过程最优化"理论、维果茨基的"建构主义学习"理论、奥苏贝尔的"有意义学习"理论和张熊飞的"诱思探究学科教学论"。在这一过程中，学校对相关教学理论进行了初步的学习和实践，尝到了理论引领实践的甜头。在经历了扎实的沉淀和积累之后，学校的教育教学质量逐步提升。从 2009 年到 2012 年，学校高考一批本科上线人数以每年 20%～30% 的速度持续增长。虽然在外人眼里，这种变化是令人震惊甚至是不可思议的。但是，章丘五中人自己明白，前期的探索，基本解决了"教什么""教到什么程度"和"如何评"的问题，还没有得到根本解决的是"如何教""如何用更短的时间教"的问题。

科学取向教学论指导下的普通高中教学实践，在全国没有现成的经验可以借鉴。"SCE 项目教学系统"是我校多年教科研实践研究的成果，是多种教学要素有机结合的整体。本书将首先介绍"SCE 项目教学系统"的理论基础，然后主要阐述"共享式备课""建构式学堂""嵌入式评价"这三个关键要素，从备课、上课和评价三个环节科学地规范教学准备、教学实施和教学评价。最后介绍"SCE 项目教学系统"的保障系统。包括"SCE 项目教学系统"的资源、"SCE 项目教学系统"中的教师专业发展和"SCE 项目教学系统"中的学生学习方式及学习策略三个方面。

　　本书的编写工作主要分工如下：第一、二篇由潘云主持，第三篇由李永东主持。

　　本书大量引用了国内外科学取向教学论的研究成果，在此深表谢意。同时，我要感谢山东教育出版社的大力支持。特别要感谢华东师范大学皮连生教授和山东省教育科学研究院教师发展研究中心主任许爱红博士为本书的出版所付出的努力。本书在实践应用方面难免会有许多尚待改正之处，敬请读者批评指正。

李永东

2018 年 1 月

目　录

第一篇

"SCE 项目教学系统" 的理论基础

第一章　绪　论

第一节　科学取向教学的理论基础

我校教育教学研究的理论基础和支撑主要是《智育心理学》① 和《学习、教学和评估的分类学——布卢姆教育目标分类学修订版》② 等科学取向教学论著作。

一、《智育心理学》内容简介

《智育心理学》是我国第一本建立在科学心理学基础上的智育理论著作，它由三个部分构成。

（一）智育目标论

首先，依据现代科学心理学，智育目标论对于构成教育科学的三个核心概念，即知识、技能和能力做了新的界定。它区分了作为人的个性心理特征的能力（ability）和教学所发展的能力（competence，即当前所说的"素养"）。前者需要结合先天遗传和后天环境来解释。后者则要排除先天遗传因素的影响，用广义的知识学习来解释。广义的知识分为陈述性知识和程序性知识。技能的心理实质是程序知识的熟练运用。广义的技能分成三类：第一类是动作技能，例如我们平常所说的游泳、打乒乓球之类的技能；第二类是智慧技能，例如我们平时所说的阅读、写作和计算之类的技

---

① 《智育心理学》一书作者为华东师范大学皮连生教授，该书于 1996 年由人民教育出版社出版，并于 2008 年由人民教育出版社出版了第二版。

② 《学习、教学和评估的分类学——布卢姆教育目标分类学修订版》一书于 2008 年由华东师范大学出版社出版，译著者为皮连生。该书的原名为 A Taxonomy for Learning，Teaching and Assessing：A Revision of Bloom's Taxonomy of Educational Objectives，原著作者是洛林·安德森（Lorin Anderson）。

能；第三类是特殊的智慧技能（对内调控的认知策略技能）。智育目标被定义为预期学生在认知领域的学习结果，并且在学习结果中排除由人的自然成熟所形成的结果。这样，认知领域学习的结果可以归结为陈述性知识、程序性知识和策略性知识。

（二）知识分类学习论

知识分类学习论是在现代认知心理学基础上创建的学习论。它主要阐明认知领域的学习与记忆的一般过程和条件，不同类型知识（包括陈述性知识、程序性知识和策略性知识）学习的过程和条件以及陈述性知识和程序性知识相互作用和相互转化的过程和条件。知识分类学习论可以通过图1-1加以概括。

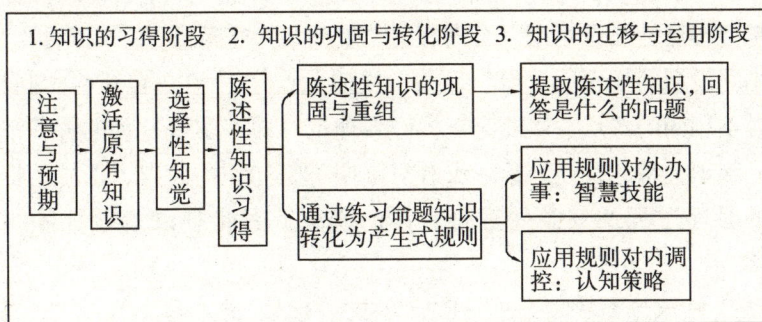

图 1-1　广义的知识学习的一般过程

由图可见，广义的知识学习要经历三个阶段。

第一阶段是知识的习得阶段，必须经历以下四步：注意与预期；激活原有知识；选择性知觉新信息；通过新旧知识相互作用从而习得新知识。这四步是从学习的信息加工模型中推衍出来的。学生的学习从对新知识的注意和预期开始。由此，学习者处于一定的唤醒状态，并将与预期要获得的新知识有关的原有知识激活到工作记忆中。学习者基于自身的学习状况和环境影响，在学习目标的指引下有选择地接受新信息，将它们暂时贮存于短时记忆中。最后，学生选择接受的新信息与其认知结构中的相关知识相互作用，新知识获得心理意义。这一步可以用奥苏伯尔的同化论解释，也可以用信息加工理论中的建立"两个联系"来解释。两个联系是指新知识自身内部的联系和新知识与学生原有知识的联系（也称外部联系）。

第二阶段是知识的巩固与转化阶段。在新知识的习得阶段，知识是未分化的、以命题表征的陈述性知识。进入第二阶段后，知识出现分化，例如中学生学习的历史、地理、政治等人文学科的知识，主要用于回答"是什么"问题的知识。这些知识被称为陈述性知识。知识的巩固是针对陈述性知识而言的，而知识的转化是针对程序性知识而言的。也就是说，学生习得的概念、原理、规则、公式等规律性知识要转化为指导其办事的规则。当规律性知识转化为办事的规则，能够支配个体的思想和行为时，我们就可以认为知识已经转化为技能。

第三阶段是知识的迁移与运用阶段。在迁移方面，一般认为，学习者良好的认知结构促进了陈述性知识的迁移，新旧知识间共同的产生式促进了技能学习的迁移。在运用方面，陈述性知识被用于解决"是什么"和"为什么"的问题。一部分程序性知识用于对外解决"怎么办"的问题，另一部分程序性知识则用来对内解决"怎么办"的问题。

不同类型的知识的习得、保持、提取或应用过程既有某些共同特征，又有各不相同的特点。当前流行的许多理论对知识学习过程的解释都缺乏对不同知识类型的具体分析，没有对不同类型知识的习得、保持、提取或应用的心理过程及其条件进行具体的研究，因此难以指导具体的教学实践。

（三）知识分类教学论——目标导向的教学设计

为了保证教师能够按新的学习与教学原理进行教学，从而规范教师的教学行为，新的教学论提出了目标导向的教学设计的原理和技术。主要包括以下几点：

1. 科学地设置与陈述教学目标

教师应根据修订版布卢姆认知领域两维教育目标分类框架设置与陈述教学目标。为了使教学目标起到"导备、导教、导学、导测评"的作用，教学目标的陈述要明确、具体、可以观察和测量。

2. 在教学设计中引入任务分析环节

任务分析也称学习任务或教学任务分析，主要是指对教学目标、学习结果类型和有效学习条件进行分析。分析方法一般采用倒推法，在共享式备课中进行。

3. 根据任务分析选择适当的教学过程、方法和媒体

《智育心理学》主张"以学定教"，根据知识的类型和各类学习的不同阶段选择教学策略。教学策略的选择必须以任务分析的结果为依据。

4. 对照教育目标对学习的结果进行评价

不同学习目标有不同的考评办法，教学任务结束后，教师必须逐一对教学目标进行评价。若目标达成，则进入新一轮教学；若目标未达成，则必须进行补救教学，因为先前学习是后续学习的前提条件。

《智育心理学》认为，学习有自己独立的过程，教学并没有独立的过程。学习总是要经过一系列过程或阶段，呈现出规律性，所以帮助学生学习的教学也会表现一定的阶段性。三类知识的学习既有共同的过程，也有各自的特殊过程。当学习的类型和阶段确定之后，教学方法的选择是很有限的，正所谓"学有规律，教有优法"。

二、修订版布卢姆教育目标分类学内容简介

修订版布卢姆教育目标分类学的主要内容，可以通过以下三个表格来展示。

表 1-1 修订版布卢姆认知领域两维教育目标分类框架

知识维度	认知过程维度					
	1. 记忆	2. 理解	3. 运用	4. 分析	5. 评价	6. 创造
A. 事实性知识						
B. 概念性知识						
C. 程序性知识						
D. 反省认知知识						

布卢姆认知领域两维教育目标分类框架说明：

认知领域的教学内容是四类知识：A. 事实性知识、B. 概念性知识、C. 程序性知识、D. 反省认知知识。其掌握的水平由低级到高级共分六级：1. 记忆、2. 理解、3. 运用、4. 分析、5. 评价、6. 创造。两个维度相结合，就构成了教学目标。例如，1＋A＝记忆事实性知识；2＋B＝理解概念性知识；3＋C＝运用程序性知识。

表 1-2　知识维度的主要类别与亚类

知识维度类别与亚类		例子
事实性知识 ——学生通晓一门学科或解决其中的问题所必须知道的基本要素	术语知识	机械的词汇、音乐符号
	具体细节和要素的知识	主要自然资源、可靠的信息来源
概念性知识 ——能使各成分共同作用的较大结构中的基本成分之间的关系	分类或类目的知识	地质学年代周期、商业所有权形式
	原理和概念的知识	毕达哥拉斯定理、供应与需求定律
	理论、模型与结构的知识	进化论、国会结构
程序性知识 ——如何做什么，研究方法和运用技能、算法、技术和方法的标准	具体学科的技能和算法的知识	用于水彩作画的技能、整数除法
	具体学科的技巧和方法的知识	面谈技术、科学方法
	决定何时运用适当程序的知识	用于确定何时运用涉及牛顿第一定律的程序的标准
反省认知知识 ——一般的认知知识和自我认知的知识	策略性知识	把写提纲作为掌握教科书中教材单元结构的手段、运用启发式方法
	关于认知任务的知识	知道何时以及为什么运用测验这一策略检测学生对知识的掌握程度的知识
	自我知识	知道评判文章是自己的长处，而写文章是自己的短处

表 1-3 认知过程维度的六个类目和相关的认知过程

认识过程维度类目		例子
记忆 ——从长时记忆系统中提取有关信息	再认	再认美国历史上重要事件的日期
	回忆	回忆美国历史上重要事件的日期
理解 ——从口头、书面和图画传播的教学信息中建构意义	解释	解释重要演讲或文件的含义
	举例	给出各种美术绘画类型的例子
	分类	将考察到的或描述过的心理混乱的案例分类
	概要	为录像磁带上描写的事件写一则简短的摘要
	推论	在学习外语时，从例子中推论出语法原理
	比较	比较历史事件与当前的情形
	说明	解释法国 18 世纪重要事件的原因
运用 ——在给定的情境中执行或使用某程序	执行	多位整数除以多位整数
	实施	将牛顿第二定律运用于它适合的情境
分析 ——把材料分解为它的组成部分并确定各部分之间是如何相互联系以形成总体结构或达到目的	区分	从数学应用题中区分出有关和无关数字
	组织	组织某一历史上描述的证据使之成为支持或反对某一特殊解释的证据
	归属	根据文章作者的政治观点确定他的观点
评价 ——依据标准或规格做出判断	核查	确定科学家的结论是否来自观察的数据
	评判	判断两种方法中哪一种对于解决某一问题是最适当的方法
创造 ——将要素加以组合以形成一致的或功能性的整体；将要素重新组织成为新的模式或结构	创新	提出假设来说明观察到的现象
	计划	计划写一篇历史题目的论文
	建构	为某一特殊目的建筑住处

三、智育目标论与修订版布卢姆教育目标分类学的比较

《智育心理学》第一版诞生于 1996 年；修订版布卢姆教育目标分类学诞生于 2001 年。前者包括目标论、学习论和目标导向的教学设计三个分理论；而后者只涉及智育目标论。下面我们将前者（以下简称"目标论"）与后者（以下简称"目标分类学"）进行比较。

首先，教育目标是预期的学生学习结果，认知领域的学习结果理应包括知识、技能和能力。目标分类学中只有知识概念，未出现技能和能力概念。这是为什么呢？这就是目标论与目标分类学的相同之处——都用广义的知识来解释习得的能力。

其次，目标分类学中未出现技能概念，而目标论中区分了三种技能。怎样使二者在观点上达到一致呢？如果读者树立了目标论中知识向技能转化的思想，两者的统一不成问题。因为目标分类学中区分了四类知识。事实性知识永远是知识，不可能转化为技能。概念性知识和程序性知识掌握到熟练运用以上水平，就是智慧技能。认知策略是特殊智慧技能，属于跨学科的程序性知识，运用于自我调控。动作技能属于专门领域，不在认知领域中。但所有技能都来源于广义的知识。

再次，学习达到分析、评价和创造水平的结果，属于综合能力，需要事实性知识、概念性知识、程序性知识和反省认知知识的共同参与。这三种水平的学习属于广义的"解决问题"。目标分类学和目标论在这一点上，观点是一致的。但由于前者的知识分类与认知过程分类更加精细，有助于更加深入地推动研究。

目前我国教育界围绕"核心素养"进行的研究，在价值层面的论述较多，深入研究学科知识如何转化为技能和综合能力的文章极少。只有价值层面的哲学思辨，缺乏科学心理学层面的深入探讨，"核心素养"的讨论就不可能指导学科教师的具体教学实践。这就是我们为什么选择上述两个理论而未选择"核心素养"理论作为我们的研究指导理论的原因。

第二节 "SCE 项目教学系统" 简介

一、"SCE 项目教学系统" 的内涵

什么是项目？项目是管理学的一个概念。项目管理在发达国家已经发展成为独立的学科体系，成为现代管理学的重要分支，并广泛应用于金融、服务、航空航天以及工程等诸多行业。项目管理是在运作方式和管理思维模式上最大限度地利用内外条件，去完成项目目标。项目管理包含很多层面：团队管理、效果管理、进度管理、流程管理、时间管理、质量管理等。我们认为，教学管理采用项目管理的形式就是通过科学合理地组织、高效地运作各项目合作组，利用一切可以利用的教学资源，按照计划的内容和进度，完成一个有计划的教学项目。在项目实施过程中，目标可能会发生变更，内容可能会出现增删，那么项目进度、流程和人员组合都需要进行相应的调整。

"SCE 项目教学系统" 是以项目管理的方式构建的，集共享式备课（Shared Lesson Planning）、建构式学堂（Constructed Teaching and Learning）和嵌入式评价（Embedded Assessment）于一体的，教育教学计划、实施和管理系统，是一个贯穿教学准备、教学实施和教学评价全程，以学生的学习过程为基础，各教育教学要素相互作用、相互依赖、相互开放、相互促进、和谐共生的统一整体。

二、"SCE 项目教学系统" 的图示及其理论依据

（一）"SCE 项目教学系统" 的图示

"SCE 项目教学系统" 的主要内容，可以通过以下两个示意图来展示。

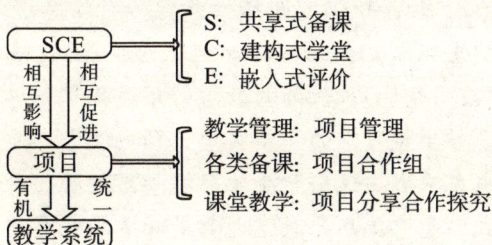

图 1-2 "SCE 项目教学系统" 示意图（一）

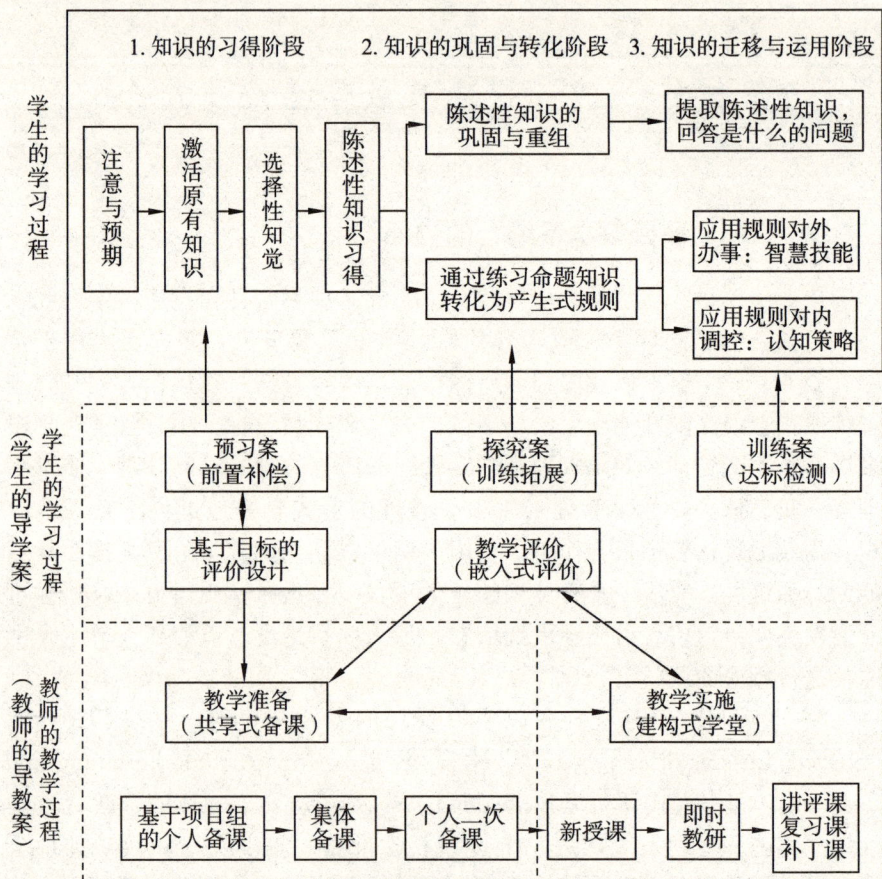

图1-3 "SCE项目教学系统"示意图（二）

"SCE项目教学系统"的图示说明：

　　学生的学习是有独立过程的。无论是陈述性知识还是程序性知识的学习都要经历知识的习得、知识的巩固和转化、知识的迁移和运用这三个阶段。而在这三个学习阶段中，学生要经历六个心理过程：注意与预期、激活原有知识、选择性知觉、新信息进入原有的命题网络、认知结构重组（变式练习，知识化为技能）、根据线索提取知识（在新情境中应用技能）。教师的教学必须遵循这一学生学习的心理过程进行组织。学生学习用的导学案中"预习案""探究案""训练案"板块的设计也都应遵循这一学生学习的心理规律。教师组织共享式备课，在建构式学堂中使用导教案也都是尊重学生学习规律、促进学生学习的教学策略的体现。嵌入式评价是全时诊断和评价学生是否进入了学习的相应阶段，并检测学生在各个学习阶段上的完成程度的环节。原山东省教科所所长、现山东省教育科学院副院长李文军博士这样评价"SCE项目教学系统"：集科学性、系统性和操作性于一体的"SCE项目教学系统"为普通高中科学地开展"有效教学"探索，提供了有益且可复制的借鉴。

(二)"SCE项目教学系统"的三个理论依据

1. 知识分类学习论

皮连生教授依据现代认知心理学，提出了广义知识的概念。知识被定义为"个体通过与其环境相互作用后而获得的信息在其头脑中的表征"。他综合加涅的学习结果分类体系和现代认知心理学的知识分类，提出了广义知识的分类（图1-4）。

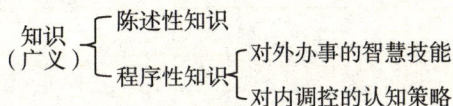

$$
知识（广义）
\begin{cases}
陈述性知识 \\
程序性知识
\begin{cases}
对外办事的智慧技能 \\
对内调控的认知策略
\end{cases}
\end{cases}
$$

图 1-4 广义知识的分类

由上图可见，广义知识分成两大类（陈述性知识和程序性知识）和三个亚类：陈述性知识，用于对外办事的智慧技能（程序性知识）和用于对内调控的认知策略（特殊程序性知识）。该知识分类涉及知识的本质、不同类型知识的表征形式，通过外显行为表现和内在的不同能力反映不同的学习结果。这里的知识既包括我国传统教育学理论界中的"知识"（陈述性知识）；又包括传统理论中所没有的"智慧技能"；还包括平常人们所说的学习方法（策略性知识）。

在上述广义知识分类基础上，皮连生教授进一步提出了广义知识学习过程模型（图1-5）。

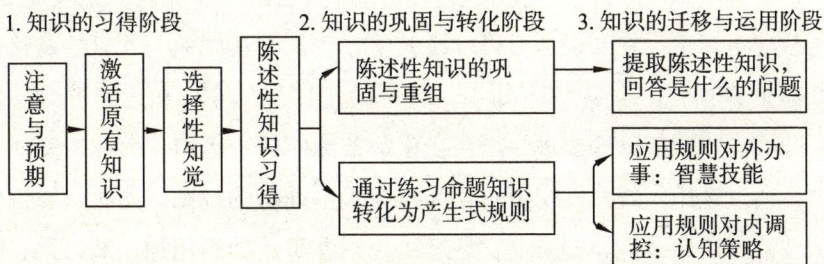

1.知识的习得阶段　　　　2.知识的巩固与转化阶段　　3.知识的迁移与运用阶段

注意与预期 → 激活原有知识 → 选择性知觉 → 陈述性知识习得 → 陈述性知识的巩固与重组 → 提取陈述性知识，回答是什么的问题

陈述性知识习得 → 通过练习命题知识转化为产生式规则 → 应用规则对外办事：智慧技能 / 应用规则对内调控：认知策略

图 1-5 广义知识学习过程模型

（严格地说，广义知识学习还包括动作技能学习。但由于动作技能学习的主要方式是模仿，所以未放在此模型中讨论）

2. 知识分类教学论——目标导向的教学设计与实施（含评价）

图 1-5 中的内容只涉及了学习过程，未涉及教师的"教"。"教"是影响学习的外部条件，其目的是帮助学生更有效地"学"。在学习分类理论基础上，皮连生教授进一步提出了广义知识分类教学过程模型，以反映认知领域的知识、技能和能力学习的一般过程和特殊过程（图 1-6）。

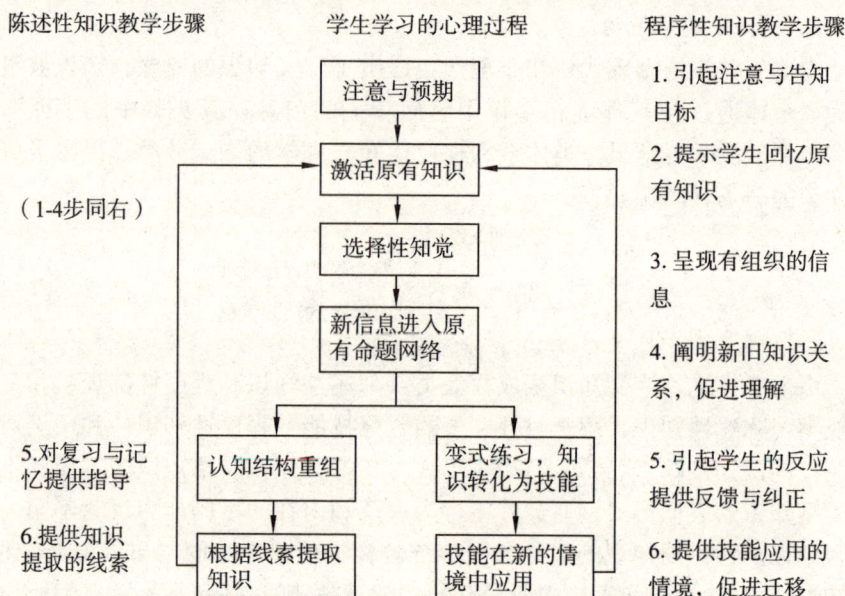

陈述性知识教学步骤　　　　学生学习的心理过程　　　　程序性知识教学步骤

```
                        ┌──────────────┐
                        │   注意与预期   │          1. 引起注意与告知
                        └──────┬───────┘             目标
                               ▼
                        ┌──────────────┐          2. 提示学生回忆原
            ┌──────────→│   激活原有知识  │←──────┐    有知识
（1-4步同右）│          └──────┬───────┘       │
            │                  ▼               │
            │           ┌──────────────┐       │   3. 呈现有组织的信
            │           │   选择性知觉    │       │      息
            │           └──────┬───────┘       │
            │                  ▼               │   4. 阐明新旧知识关
            │           ┌──────────────┐       │      系，促进理解
            │           │ 新信息进入原有  │       │
            │           │  命题网络      │       │
            │           └──┬────────┬──┘       │
5.对复习与记 │              ▼        ▼           │   5. 引起学生的反应
忆提供指导   │        ┌────────┐ ┌──────────┐  │      提供反馈与纠正
            │        │认知结构重组│ │变式练习，知││
            │        └────┬───┘ │识转化为技能│  │
            └─────────────┤     └────┬─────┘──┘
6.提供知识          ▼              ▼        6. 提供技能应用的
提取的线索   ┌────────────┐ ┌──────────┐       情境，促进迁移
            │根据线索提取  │ │技能在新的情 │
            │知识         │ │境中应用    │
            └────────────┘ └──────────┘
```

图 1-6　"六步三段二分支"教学过程模型

图 1-6 的两侧是与知识类型相对应的教学步骤。由于前四步是对陈述性知识（即知识尚未分化）的教学，所以两侧的前四步相同。也就是说，无论教哪类知识，在知识的习得阶段教学方法都是相同的。其目的是达到对知识的理解。一旦理解了知识，其中的规律性知识（概念、原理、定律、公式、规则等）还要进一步在变化的条件中进行运用（简称"变式练习"）。通过运用，规律性知识转化为指导学生办事的规则。此时，知识转化为技能。所谓技能，实质上就是运用规则办事。如运用加、减、乘、除规则计算，就是算术技能；运用句法规则说话，就是听说技能。该教学模型解决了传统教学理论中教了知识但未能使其转化为学生能力的难题。目前，该模型在中小学各科教学中得到了广泛运用。只要运用得当，其效果

立竿见影。新手教师也能上出高质量的课。

3. 修订版布卢姆教育目标分类学

二十世纪七十年以来，信息加工心理学崛起，知识成为信息加工心理学的一个中心概念。信息加工心理学家大多认为广义的知识分为两大类：一类为陈述性知识，另一类为程序性知识。教学是以目标为定向的活动。教学目标指引学习、指导教学并指导对学习结果的测量与评价。知识分类学习论提出的广义知识学习阶段与分类模型指出，不同类型的知识的学习过程和条件都是不同的。

1994 年，安德森和索斯尼克出版了《布卢姆教育目标分类学——40年的回顾》一书。次年，安德森与克拉斯沃尔邀请了 8 位美国有名的认知心理学家、教育与心理测量专家和课程与教学专家开会商讨修订布卢姆原教育目标分类学的工作。修订工作于 2001 年完成。《学习、教学和评估的分类学——布卢姆教育目标分类学修订版》一书得以出版。修订版吸收了40 多年来认知心理学的研究成果，更好地从心理机制上解决了知识与能力的关系问题。它将认知领域的学习归结为四类知识的学习。这四类知识分别是：事实性知识（知晓一门学科或解决学科中的问题所必须获得的基本成分，其中又分术语知识、要素知识）；概念性知识（能使各成分共同起作用的一个大结构中基本成分之间的关系的知识，其中又分分类知识、概念和原理知识以及理论、模型和结构知识）；程序性知识（知晓如何做事，探究方法和运用技能、算法、技术和方法的标准，其中又分特殊学科的技能和算法知识、特殊学科的技术和方法知识、决定何时运用适当程序的知识）；反省认知知识（一般的认知知识和自我认知的知识，其中又分策略性知识、关于任务的知识、自我知识）。

修订版中认为，学生学习任何学科的知识（相当于智育）都可归结为以上四类知识的学习。这样教师就不必在广义知识之外去发展学生的能力（观察力、记忆力、想象力和思维能力）了。但在实施教学之前，上述知识是外在于学习者的，是被列入课程的人类共享的知识。教学的任务就是使这些外在的知识转化为学生个体的知识。学生个体获得外在的知识的过程要经历记忆、理解、运用、分析、评价和创造这样由低至高的六级水平的认知过程。修订版中认为，每一类知识的掌握都可以按上述认知过程的水平加以划分。这样就构成了认知领域教育目标知识类型与认知过程两个维度的目标分类表（表1-1）。

这就是说，教师在教学之前，应对所教内容按知识类型和掌握的水平两个维度制订教学目标，用以指导教学和评估。

第一篇

"SCE 项目教学系统" 的主要内容

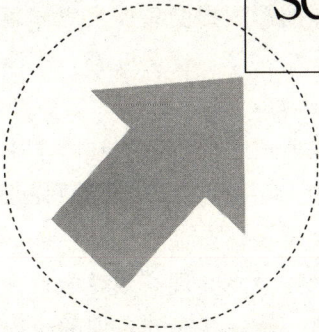

第二章　共享式备课的研究

第一节　共享式备课概述

一、共享式备课的内涵与作用

　　共享式备课是在项目合作组提前准备的基础上，将"导学案和导教案初稿""评价题目""班级作业组要解决的问题和解决策略"和"准备过程中的核心设计思路和遇到的困惑"以说课的形式提交备课组集体备课，由备课组共同商议完善，实现智慧共享、策略共享、优势互补、集体创优的备课过程。

　　积极参与共享式备课是每一位教师专业成长的捷径。在教学中，仅凭个人经验单兵作战是不能解决实质问题的。在目前教育教学面临改革的形势下，课时紧与教学任务重的矛盾日益突出。只有加强共享，发挥集体智慧，共同研究和进步，才能实现高效备课，最终实现高效教学目标。共享式备课让教师可以听到不同的想法和策略。做好共享式备课的组织和实践是实现教师专业共同发展的一个重要途径。

二、共享式备课的类型

　　在科学取向教学论的指导下，我们在实践研究中主要开发了五种类型的共享式备课（图 2-1）。

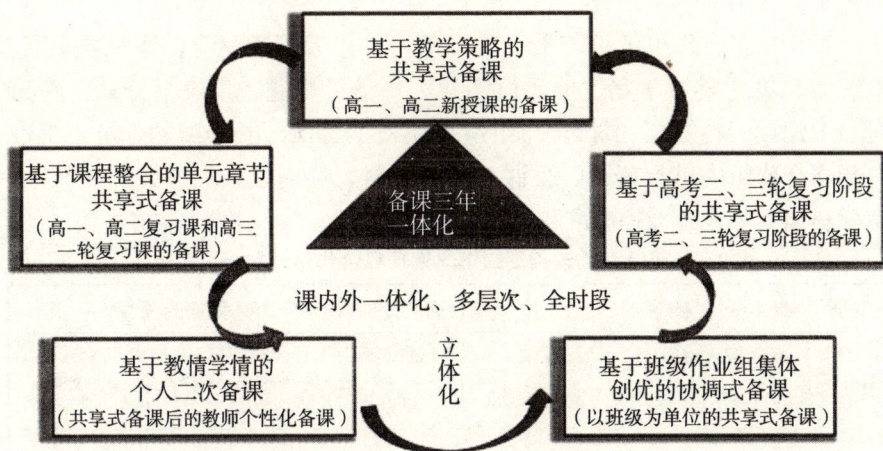

图 2-1　共享式备课的类型

　　"基于教学策略的共享式备课"主要是解决高一、高二新授课的备课，是共享式备课中最基本的形式；"基于课程整合的单元章节共享式备课"主要是解决高一、高二复习课和高三一轮复习课的备课，是共享式备课的重要形式，也是体现新课程理念、转变教师备课理念的一种类型；"基于高考二、三轮复习阶段的共享式备课"主要是解决高考二、三轮复习阶段的备课；"基于教情学情的个人二次备课"是每类共享式备课后的教师个性化备课，是教师个人备课的常态形式和重要环节；"基于班级作业组集体创优的协调式备课"是以班级为单位的共享式备课。五种备课类型相辅相成、相互补充，使高中备课三年一体化，同时呈现出多层次、全时段、立体化的特点。

第二节　基于教学策略的共享式备课

一、项目合作组的管理模式

　　各年级各学科组在新学期开学前，需提前三天到岗。备课组长将学科组的老师分成几个项目合作组，一般以 2～3 人为宜。项目合作组的分组要考虑教师的年龄、性别、教学能力等因素，采用异质分组法，尽量做到优势互补、能力互补和教研共享。

每个项目合作组承担若干个教学项目（单元课程整合、课时导学案、导教案、单元复习学案、单元检测题、质量检测题、模块学分认定考试题、大阅读资料等）。项目合作组组员应根据备课组长分配的任务，提前一周在合作组内进行研讨、备课、搜集资料、编制设计导学案和导教案，为学科组共享式备课提前准备资料。

表 2-1　2014 级物理组高二下学期项目合作组计划表（部分）

时间	内容	项目合作组		负责的项目
第一周	交流电的特点，交流电的产生	一组	李荣华	共享式备课导学案、导教案
			夏红菓	
第二周	变压电，远距离输电	二组	陈娜	共享式备课导学案、导教案
			李福军	
			孙向阳	
第三周	动量定理，动量守恒定律	三组	孙峰	共享式备课导学案、导教案
			张振	
第四周	碰撞模型专题	四组	张学锋	共享式备课导学案、导教案
			李运起	
第五周	电子的发现，原子的核式结构模型，玻尔原子模型，氢原子光谱与能级	一组	李荣华	共享式备课导学案、导教案
			夏红菓	
……	……	……	……	……

二、运行机制及内容

1. 领导包学科组制度

每个学科组由一名级部领导负责管理与督查。学科组进行共享式备课时，包组领导要到组指导，跟进听课、抽查，定期查阅学科组共享式备课的常规资料并进行归档，并对当学期学校教科研重点项目的进度进行调控。

2. 定时定点进行学科组共享式备课

学科组共享式备课通常由级部统一安排时间，每学科每周 2 次。各组严格落实共享式备课制度（表2-2）。

表2-2　学科组共享式备课安排表

	周一	周二	周三	周四	周五
语文		上午第3节（地点：602）（赵峰、菅丛明）		下午第5节（地点：602）（赵峰、王凤）	
数学		下午第7节（地点：602）（张学峰、李洁）			下午第5节（地点：602）（张学峰、李洁）
英语		上午第3、4节（地点：603）（刘瑜、张明）		上午第3节（地点：602）（孙锋、菅丛明）	
物理		上午第2节（地点：602）（孙锋、王凤）		上午第3节（地点：602）（孙锋、菅丛明）	
化学	上午第3节（地点：602）（焦晓罗、张明）		下午第7节（地点：602）（焦晓罗、张明）		
生物	上午第2节（地点：603）（杜晓丽、王凤）				下午第3节（地点：602）（杜晓丽、菅丛明）
政治	上午第2节（地点：602）（潘云、赵娜）			上午第3节（地点：603）（潘云、赵娜）	
历史		下午第7节（地点：603）（邢介虎、菅丛明）			上午第2节（地点：602）（邢介虎、王凤）

续表

	周一	周二	周三	周四	周五
地理	上午第 3 节 （地点：603） （沈蕾蕾、营丛明）		上午第 2 节 （地点：602） （沈蕾蕾、王凤）		

3. 共享式备课方式的转变

我校的共享式备课方式自 2013 年 9 月起由基于知识的共享式备课转变为基于教学策略的共享式备课。备课方式的转变必然带来备课结构的调整和优化以及备课效率的提高。

4. 基于教学策略的共享式备课围绕两个核心"硬件"展开

两个核心"硬件"即导学案和导教案（图 2-2）。

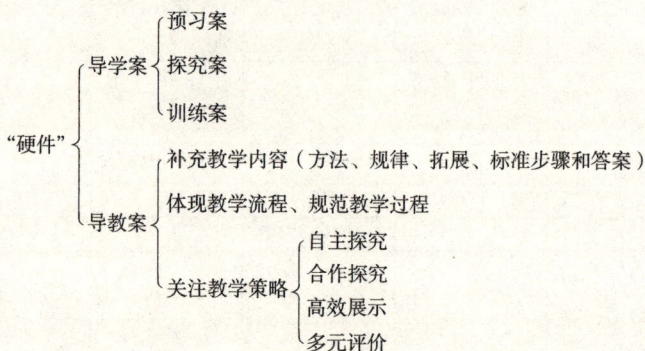

图 2-2　基于教学策略的共享式备课

5. 教学策略是共享式备课的重点

（1）如何设置与陈述教学目标

教学目标是一节课的导航，它能让学生明确"学"的目标，让教师明确"教"的目标。要做到目标、教学、评价的一致性，首先要制定出精确的教学目标。设置与陈述教学目标时，应遵循三个基本原则和三个注意事项。

基本原则包括：目标应陈述预期的学生学习的结果；目标的陈述应该有助于导备、导学、导教、导测评；目标的制定要遵循两维教育目标分类框架。

注意事项包括：行为主体是学生，不是教师；用经过心理学界定的动词和名词陈述目标；教学目标的陈述应力求明确、具体、可测量。

（2）知识备课和教学策略备课的时间规划和调控策略

首先，主备人以提供的导学案为依据，对教学内容进行讲解说明。时间控制在整个备课时间的 35% 以内。其次，主备人以制作的导教案为依据，对设计的教学流程逐项进行研究。研究的教学策略包括：教学目标的出示策略、情境创设策略、前置补偿策略、探究点的探究策略、小组合作学习策略、展示点评策略、方法规律的提炼和总结策略、反馈变式训练策略等。其中如何针对教学重点、难点安排小组合作学习的策略是研究的重点。这一步骤的时间不能低于整个备课时间的 65%。最后，主持人组织进行逐项讨论修订，最终形成完善的共享式备课成果。

这样的时间规划和管控也是我校由基于知识的共享式备课向基于教学策略的共享式备课转型的抓手。

（3）规范教学步骤是重中之重

备课时，教师应提供不同的教学策略引导学生学习不同类型的知识（表 2-3）。

表 2-3　不同类型知识学习的教学策略

陈述性知识教学步骤	程序性知识教学步骤
引起注意与告知目标	引起注意与告知目标
提示学生回忆原有知识	提示学生回忆原有知识
呈现有组织的信息	呈现有组织的信息
阐明新旧知识关系，促进理解	阐明新旧知识关系，促进理解
对复习与记忆提供指导	提供变式练习，提供反馈与纠正
提供提取知识的线索	提供技能应用的情境，促进迁移

（4）指导自主学习

指导自主学习的策略包括以下几个方面：在学生自主学习前，教师应明确自主学习的内容、任务和要求；在学生自主学习的过程中，教师要巡视学生的学习情况，及时掌握学生的学习进度以及学生学习过程中出现的难点及障碍，不要随意下达其他指令，以免干扰学生的学习；教师应要求学生在产生疑问的地方做好标记，为合作探究做准备。

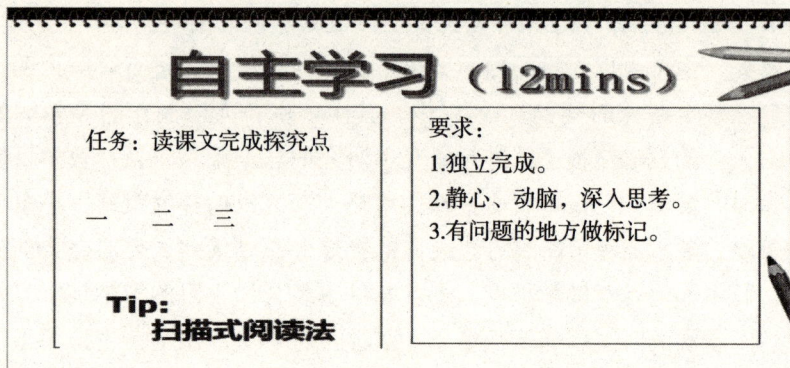

图 2-3　自主学习课件

（5）指导小组合作学习

一般情况下，指导小组合作学习可参照"自主思考—合作探究—交流共享—小组展示—精彩点评—多元评价"的流程来进行。

（6）通过共享式备课研讨课堂组织策略时应注意的问题

① 科学安排任务

教师布置学习任务时要明确告知学生，解决"学什么"的问题。

② 创设问题情境

教师要将知识变成问题，让学生带着问题去学习，解决"为什么学"的问题。这样既能使学生明确学习的方向，又能调动学生的学习积极性。

③ 明确提出要求

解决"怎么学"和"学到什么程度"的问题。教师不仅要对学习方法进行指导，还要根据学习内容的多少和难易程度设定学习的时间，使学习过程具有挑战性。

④ 教师适时巡查

教师在学生自主学习的过程中尽量不要提出新的安排和要求，以免干扰学生的学习和思考。但是，教师要对学生的学习进行检查巡视，以加强学生的重视程度。同时还要和部分学生交流讨论（以中游学生为主），及时了解学生的学习进度和学习效果，为组织下一步的教学做好准备。

（7）完善成果

集体研讨结束后，由记录员老师对讨论达成的修改意见进行汇总，其他老师要在导学案和导教案上进行备注。

6. 安排下次集体备课

共享式备课集体研讨的最后一个环节就是对下一次共享式备课做出安排，在共享式备课结束前确定下次研讨的初备人、主持人、记录员以及导学案的印制人和发放人。

7. 积累校本化资源，资料存档

电子版的备课资料应定期整理上交级部。级部分期中、期末两次进行集中检查。纸质记录卡要逐渐取消。

8. 典型引路、活动推动、常规联动、交流提升

共享式备课比赛要适时进行，比赛的形式可以更好地推动备课模式的固化并促进教师之间的交流。在不同学科之间以至更广的范围内的共享式备课交流也要进行开展。

图 2-4　共享式备课（一）

图 2-5　共享式备课（二）

9. 边学习、边实践、边融合、边创新

参照皮连生教授的"六步三段二分支"教学过程模型，我们在共享式备课中不断地规范自己的备课过程，为课堂教学做好准备工作。一直以来的探索和实践证明，章丘五中的"SCE 项目教学系统"是符合教育规律的，是符合学生学习的心理特征和发展规律的。

第三节 各类共享式备课操作流程

一、基于教学策略的共享式备课

1. 项目准备

每个项目合作组根据备课组长分配的项目合作任务，提前一周在合作组内展开研讨，搜集资料，编制设计导学案、导教案，并定好主持人、主备人。

2. 主备人对导学案进行说课

对导学案进行说课时，应包含预习案（学习目标—前置补偿—新知预习—预习自测）、探究案（探究点设置—例题选择—拓展及变式训练题—当堂检测题的选择）和训练案，还要涉及题目的选择及题目的数量等方面的内容。

3. 组内讨论形成完善的导学案

在这一环节中，主要讨论学习目标的确定、学习目标的叙写、知识分类、前置补偿内容、预习新知内容、预习自测题的设计、探究点的设置、典型例题和反馈练习的设置、当堂检测和训练案的设置等内容。此环节要求主备人预设 3～4 个须重点讨论的问题，以提高备课效率。要杜绝集体研讨时出现现想现讨论、乱想乱讨论和不想不讨论的现象。

4. 主备人对导教案进行说课

主备人要依据皮连生教授的"六步三段二分支"教学过程模型，遵循学生学习的心理过程，以制作的导教课件为依据，规范教学过程并对设计的教学流程逐项进行研究。研究的教学策略包括：四要素研究成果展示策略、学习目标的出示策略、教学顺序的安排策略、针对各班学情调整补充教学内容的策略、展示点评策略、方法规律的提炼和总结策略等。其中如何针对教学重点、难点安排小组合作学习的策略是研究的重点。

5. 组内讨论形成完善的导教案

讨论时，应重点针对学生学习的心理过程并对照相应的教学步骤对导教案进行修订与补充。同时，主备人要精简说课语言，控制讨论时间并总结讨论结论（导学案部分占 15 分钟左右，导教案部分占 30 分钟左右）。

6. 固化成果

主持人进行总结，最终形成完善的导学案、导教案。同时，要安排下一次备课的内容及参加备课的人员。

二、基于课程整合的单元章节共享式备课

（一）基于课程整合的单元章节共享式备课的主要内容

1. 单元教材内容分析

通读本单元教材，阅读课标、考纲、试题、教学参考书和高考四要素研究成果的相应部分，明确本单元的地位、作用以及相关教学要求，分析本单元教学内容是否要整合或重组，合理划分课时并根据每课时承担的主要教学任务及所属的知识类型确定课型（姊妹课或独立课）。

2. 单元知识类型分析

分析单元每一课以及整个单元的主要知识类型。属于陈述性知识学习的有哪些？属于程序性知识学习的有哪些？要根据每一个知识类型写出学习要点。

3. 单元教学要求（课程标准）

分析单元每一课中的学习重点、难点，根据重难点列出知识清单。

4. 单元教学目标

按照符合学科课程标准的要求，遵循符合学生实际情况的原则，选择恰当的行为动词，叙写好单元教学目标。

5. 规范单元教学过程

遵循学生的学习规律，按照三段学习过程（知识习得阶段、知识巩固和转化阶段、知识应用和迁移阶段）来选择恰当的教学行为。同时，根据不同的阶段提供相应的教学策略。

6. 确定单元整合内容和课时

根据整合后的内容选择重点课时，以课时导学案和导教案为依托进行基于教学策略的共享式备课。

（二）基于课程整合的单元章节共享式备课的操作流程

1. 项目合作

依据本学期的单元章节集体备课内容和备课组成员的具体教研能力将备课组划分为不同的项目合作组，向各个项目合作组分配具体的备课任务，并列出具体的项目合作组备课计划表。

项目合作组提前进行小组讨论。讨论内容包括：单元教材内容、考纲、课程标准、试题、高考四要素研究成果，单元教材整合建议、学习重点难点及课时安排、知识要点清单及课型确定等。之后，初步叙写单元学习目标。

整合单元章节内容后，本着节约课时、提高效率的原则编制相应课时数的导学案，初步制作课时导教案，并在集体备课前将电子版共享至备课组每个成员的电脑上。

2. 集体研讨

主备人进行说课，内容应包括：单元教材分析（教学地位、教学要求、是否整合重组、课时划分等）；单元知识类型分析（陈述性知识、程序性知识）；单元教学要求（学习重点、难点，列出知识清单）；单元学习目标（明确、具体、可操作，恰当的行为动词）；教材整合部分的分析（陈述性知识整合、程序性知识整合，整合后按照新的课时分配指明课时学习要求和目标）。之后，备课组成员就主备人说课的内容进行逐项分析讨论，直至最后定稿。

需要特别说明的是，课程整合是基于学情和教情的整合，宜合则合，决不能为整合而整合。各个学科应结合自己的学科特点，按照基于课程整合的单元章节共享式备课流程，摸索出适合本学科的具体的操作细则，并在实践中反思和改进，最终实现高效备课。

三、基于高考二、三轮复习阶段的三种共享式备课

高考二、三轮复习不是一轮复习的简单重复。二、三轮复习侧重于知识点之间的综合串联，并且侧重于对思维能力的提升。通过二、三轮复习，学生应形成一个完善的知识体系，同时获得与各学科相对应的思维方法和解题能力。这个阶段是培养学生形成高考思维体系的关键。因此教师的二、三轮复习阶段共享式备课尤为重要。

此阶段的共享式备课主要以三种形式呈现：一是基于讲评课的共享式备课；二是基于综合复习课的共享式备课；三是基于组题的共享式备课。

（一）基于讲评课的共享式备课

1. 项目准备

备课组长依据备课组成员的具体教研能力和学科专长将大备课组划分为不同的项目合作组，将备课任务具体分配到各个项目合作组（例如：数学组可分函数项目组、立体几何项目组、数列项目组等；英语组可分为阅

读项目组、完形项目组、改错项目组、作文项目组等）。在共享式备课之前，项目合作组要理清本项目中哪些是陈述性知识，哪些是程序性知识，充分完成组长分配的任务。之后，各项目合作组通过定时训练找出学生存在的问题，分析方式可以是巡视、阅卷、分析相关数据、和学生座谈等。其中，应以阅卷作为主要的分析方式。最后，在此基础上编制导学案和导教案。

2. 集体研讨

集体研讨讲评课所用的导教案时，应重点探讨导教案中的重点教学策略。策略包括以下几个方面：

（1）巩固训练是关键

根据学生错题中存在的问题准备讲评课采取的教学策略——"讲哪些题""由谁讲""如何讲"。策略要全面，方法要科学、高效，争取哪里出了问题就在哪里把巩固策略做足，防止重复错题的现象出现。

（2）回扣基础不能忘

讲评课不是就题讲题，而是"以题带知识"。备课中要注意在一个"领"字上做文章，引领学生回扣基础、落实基础知识。同时，还要合理设置巩固训练题目，让错因分析中呈现出的问题得到根本的解决。

（3）得分技巧贯始终

在试卷讲评中，对得分技巧的指导要贯彻始终，要引导学生树立整体意识，教给学生在有限的时间之内多得分的方法技巧。备课时，要注意将试卷（定时训练）涉及的每个专题、每一类题目的答题策略和得分技巧总结到位，讲清点透。

3. 固化成果

集体备课形成的统一意见由主备人整理，形成最佳方案。每位老师在上课前要根据所教学生的实际情况进行个人二次备课，微调教学策略。

（二）基于综合复习课的共享式备课

1. 项目准备

各项目合作组提前做好科学分工，在研讨的基础上做好充分的准备。既要研究好当年的考试说明，特别是变动（考点的增删或说法调整）的地方；也要分析好学生在一轮复习中存在的问题，在知识整合的过程中弥补知识漏洞；还要做到对章节间知识的整合。

2. 集体研讨

集体研讨时，应重点关注以下几个方面：

（1）知识整合

集体研讨时应重点关注由"点"及"线"、由"线"到"面"再到"网络"的知识建构工作，引导学生提高单元章节小综合的能力。教师要搞清三个问题："学什么""学到什么程度""如何评"。

（2）典例选择

在"精选"上下功夫，选择那些最有知识承载力、最能提炼规律方法的题目作为母题，发挥母题的散射作用，让"做会一个题，落实一片知识，培养一系列能力"变成现实。

（3）策略搭配

明确项目分工，科学规划课时，大胆整合教材，选准典型例题，搭建知识网络。

3. 固化成果

集体备课形成的成果包括导学案和导教课件。

(三) 基于组题的共享式备课

1. 项目准备

备课组长事先做出规划（设计目的、知识点分布、时间安排、题型及数目、难度系数等）。之后，项目合作组根据组长的整体规划组合出套题蓝本。各项目合作组要在既有条件下广泛搜集相关资料，用好各地模拟试题、名校联考试题和有关教学网站，并根据学生的实际情况，紧密联系高考最新变化动向，精心选好题目。

2. 集体研讨

主备人对试题构成进行说课，分清陈述性知识和程序性知识且要一一罗列，面面俱到。要根据本章节中的高考四要素研究成果，认真对高考题进行分析，并形成高考预测。主备人展示试题时应围绕一个题型提供多个题目，从不同角度进行分析研究。最后，通过集体讨论确定出最成熟的试题，其判断依据包括以下五个方面：第一，知识点的分布是否科学，是否能实现检测目的。第二，每个题目的难度、综合性、辐射性是否合适；整套题的难度系数是否得当（一般应在 0.65 左右）。第三，题目设置是否"增加有道理，删减有根据"。第四，试题是否有所创新和突破。第五，试题的评价是否全面，是否能与前面的知识点相呼应。

3. 固化成果

主备人给出参考答案和评分细则并总结归纳备课成果。

四、基于学情教情的个人二次备课

共享式备课结束后，每位教师都要结合自己班级学生的实际情况进行二次备课。二次备课时，教师应针对学生诸多的变量（预习案完成情况、知识储备情况、学生的性格、学风和习惯等）进行具体的教学操作策略的调整。同时，对共享的导教案进行基于教情、学情的个性化修改和调整，使之更符合本班学生的实际情况。

1. 教学资源整合

导学案不等于导教案，所以在编制导学案、共享式备课、批阅预习案的基础上，每位教师都要进行二次备课，根据各班学情和各自的教学特色写出导教设计，调整修改共享的导教案并进行个性化教学设计。这是上好一节课的关键，这也应该是各级部、教育教学督导小组检查抽查的重点。

在共享式备课中，集体研讨的导教案已经是一个比较完整的教学线路图了。在完成了对本班教学资源的整合后，教师应在导教课件中呈现出学生使用导学案的情况反馈。

表 2-4　导学案使用情况反馈表

组别	完成情况	优秀个人	
1组	★★★★	董思琪、刘洁	学案主要问题：
2组	★★★★★	于雪源、陈洁、姜潇湘、刘淑婷	1）书写
3组	★★★★	马金戈、李学琪	2）做题效率
4组	★★★		3）审题
5组	★★★		4）知识总结
6组	★★★	赵红岩、颜世昌	完成预习案过程中出现的问题
7组	★★★		
8组	★★★		预习自测答案出错较多的题用红色标出
9组	★★★★	马玉琪、李洁	
10组	★★★	程冰	

2. 培训学习小组组长

在上课之前，根据需要集中培训小组长。这样既能培养合作学习的带头人，又能保证合作学习的顺利实施。培训要点如图 2-6 所示。

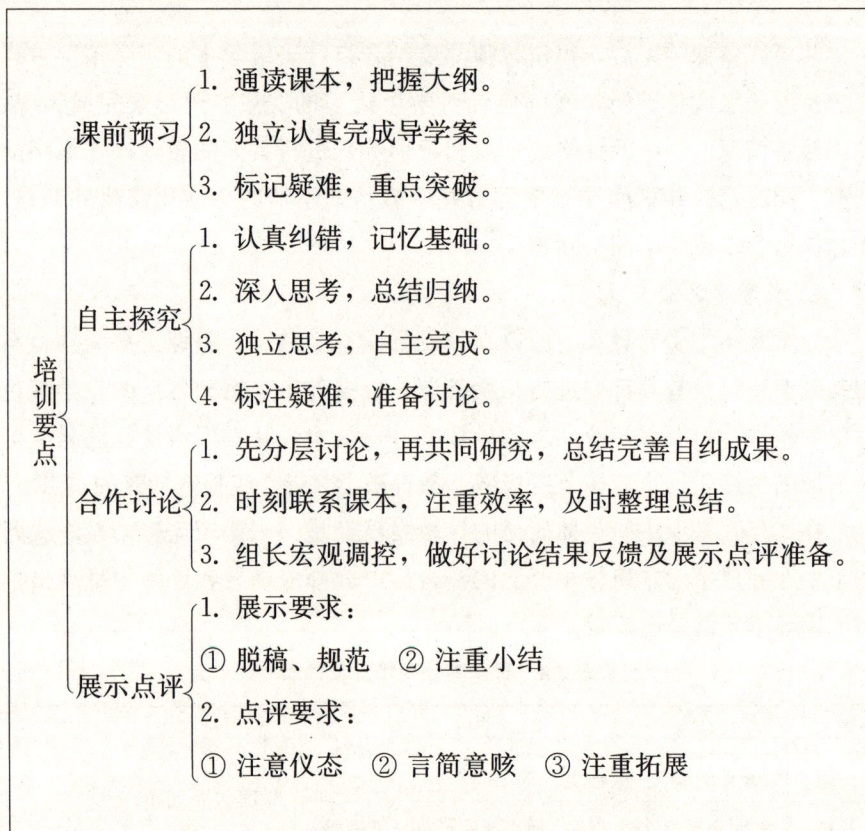

课前预习
1. 通读课本，把握大纲。
2. 独立认真完成导学案。
3. 标记疑难，重点突破。

自主探究
1. 认真纠错，记忆基础。
2. 深入思考，总结归纳。
3. 独立思考，自主完成。
4. 标注疑难，准备讨论。

合作讨论
1. 先分层讨论，再共同研究，总结完善自纠成果。
2. 时刻联系课本，注重效率，及时整理总结。
3. 组长宏观调控，做好讨论结果反馈及展示点评准备。

展示点评
1. 展示要求：
① 脱稿、规范　② 注重小结
2. 点评要求：
① 注意仪态　② 言简意赅　③ 注重拓展

培训要点

图 2-6　学习小组组长培训要点

3. 课后反思

我们主张建立模板化的反思。首先是站在学生的角度反观；其次是分享自己教学内容中独到的观点和想法，分享给学生自己的学习经验和得分技巧；再次是通过别人的教学反思自己。没有反思和改进的备课不是高效备课。

教师应坚持通过"一课两磨"的方式来进行反思。课前交流没解决的问题，课后交流教学心得体会。并通过对照课、组内互评及领导点评的方式找差距。就课堂中疑难点问题的处理、新生成性问题的解答、课堂突发事件的解决办法等与其他教师分享心得体会，互帮互促。同时，教师还要坚持写个人反思总结（教学策略研究），并进行阶段性总结和交流。

五、基于班级作业组集体创优的协调式备课

（一）什么是基于班级作业组集体创优的协调式备课

以班主任为核心、由学科教师组成教学团队，针对班级现状和在一段时间内出现的问题，定时定点进行集体研讨，提出解决问题的办法，找出本班各个方面的优势和劣势，为班级达成一定的目标而进行的集体研究活动。

（二）怎样进行基于班级作业组集体创优的协调式备课

首先，学校印发班主任和任课教师集体备课纸，班主任、任课教师提前备课，就某些方面的问题进行思考并寻找解决问题的办法。之后，班主任组织基于班级作业组集体创优的协调式备课。在规定的时间和地点，以班主任为中心发言人，其他任课教师全部参加，包班领导跟班指导。基于班级作业组集体创优的协调式备课一般按照"班主任、任课教师提前备会—班主任中心发言—任课教师补充发言—班主任总结发言—包班领导发言"的流程进行。同时，包班领导要及时跟进指导和督查。教师也要及时和学生进行交流了解班级的最新情况。

（三）基于班级作业组集体创优的协调式备课流程

1. 项目组搜集信息

主要是对班情和学情进行调查，具体措施包括：班主任召开班委会、课代表会、生活（或学习）小组长座谈会；进行问卷调查，了解学生的诉求；与各科任课教师交流，及时了解班级的上课、自习及作业情况；建立学生的成绩档案，了解学生入学以来的成绩发展及波动情况；平时经常巡视班级、深入宿舍，及时了解学生的思想动态等。

2. 作业组协调集体创优

主要是对调查后汇总的问题进行分析，包括以下几个方面：

（1）班级总体成绩分析

班主任结合级部召开的成绩分析会，重温本班各科的平均分、双线率、目标的完成情况以及历次考试以来班级成绩的总体情况和变动趋势，使各科教师确定学科地位，增强自信心，增加紧迫感。同时，提供历次考试的成绩变动情况，并由各科教师自由讨论，查找问题。

（2）给学生分类

将学生分为特优生、上线生、巩固生、临界生、希望生、学困生、特

殊学生等，并分析他们的现状和问题。

（3）进行优生弱科分配

可以将班级中的上线生、巩固生、临界生、希望生按照各学科的平衡情况分配给弱势科目教师，这样既可以矫正这部分学生的偏科现象还可以保证班级的师资力量能够均衡配置给学生。

（4）明确特别关注学生（特优生、学困生、特殊学生）

特优生是班级的灵魂，要采取各种措施加大特优生的培养力度，充分发挥其榜样的力量。对待学困生，要认真了解学困生的思想、纪律、学习、家庭状况，认真分析其落后原因，并通力协作，采取有效措施帮助其解决实际问题，使其顺利健康地成长。对待特殊学生，要针对其因早恋、上网成瘾、暴力倾向、心理障碍、情绪反常、行动异常等行为导致学习成绩大幅下降的现象找出根本原因，提出解决的办法，制定切实可行的帮教计划，做好心理疏导工作。

班主任向作业组教师公布在班干部会、小组长座谈会和问卷调查中所发现的班级中存在的制约班级发展的问题，如学生学习目标不够明确、学生学习不踏实、特殊学生的心理疏导问题等。班主任向任课教师反馈学生对于任课教师在教育教学中的意见和建议，实现师生的有效沟通和互动。之后，班主任及各科教师针对本班存在的具体问题进行讨论交流，分析原因，明确对策。最后，确定相关问题的整改措施。

3. 成果辐射惠及学生

班主任应召开主题班会，及时向学生反馈备课中教师们集中反映的问题及相应的整改措施，定目标，提要求，并对学生的相关诉求以及任课教师对班级学生所提的相关要求做出说明。之后，召开师生恳谈会，让任课教师与学生面对面直接交流，将班级决策通过任课教师潜移默化地渗透到班级中去，拉近师生距离。教师也能及时帮助学生解决学习中的困惑，建立和谐的师生关系。

共享式备课解决了传统集体备课重教轻学、重知识轻思想方法、重知识点轻知识系统、重教师之间合作轻师生之间合作以及缺乏理论依据、走形式、假合作的问题。

第三章　建构式学堂的研究

第一节　建构式学堂的内涵及特点

一、建构式学堂的内涵

建构式学堂是指以科学取向教学论为指导的，在遵循学生学习心理规律的基础上，由教师按照"六步三段"操作策略，规范教学过程，帮助学生实现知识的习得、巩固与转化、迁移与应用的自然生成和建构的课堂教学过程，是科学课堂在教学实践中的具体体现。

二、建构式学堂的特点

建构式学堂是高效教学的实施阶段。其特点包括以下几个方面：

一是情境建构。教师要用生活中的真实案例或问题引起学生的兴趣，使学生可以主动学习，同化新知识。二是个体建构。教师要尽量满足奥苏贝尔"有意义学习"的三个条件（学习者有学习的主观意愿和动机、学习材料具有内在的逻辑意义、学习者具有习得新知识的原有知识基础），指导学生进行自主学习。三是同伴建构。相关研究表明，同伴相互学习能有效提升学习效率。这要求教师要充分发挥小组合作学习与班级交流展示的作用，以了解学生的学习过程、学习疑惑和学习结果。四是师生建构。教师要根据目标分类理论对不同类型的知识采取不同的教学策略。

第二节　建构式学堂的模式和类型

一、建构式学堂的模式

在课堂教学中，我们按照皮连生教授基于陈述性知识和程序性知识学习过程构建的"六步三段二分支"教学过程模型，设计了建构式学堂的基本教学流程，使教学过程最大限度地满足学习的条件，符合学习规律，从而起到了促进学习的作用。

表 3-1　建构式学堂与"六步三段二分支"教学过程模型的对照表

教学过程（陈述性知识）		学习过程		教学过程（程序性知识）	
立标示标、师生确标	引起注意与告知目标	注意与预期		引起注意与告知目标	立标示标、师生确标
总结反馈预习案	提示学生回忆原有知识	激活原有知识		提示学生回忆原有知识	总结反馈预习案
自学自探，初步感知	呈现有组织的信息	选择性知觉		呈现有组织的信息	自学自探，初步感知
共学互助，精细加工	阐明新旧知识关系，促进理解	新信息进入原有命题网络		阐明新旧知识关系，促进理解	共学互助，精细加工
总结升华，形成网络	对复习记忆提供指导	认知结构重组	变式练习，知识转化为技能	引起反应，提供纠正与反馈	变式练习，归纳方法
当堂检测，及时复习	提供提取知识的线索	根据线索提取知识	技能在新的情境中应用	提供技能应用情境，促进迁移	当堂训练，迁移巩固

1. 课前准备（课前励志诵读）

① 共享式备课和教师个人二次备课（略，第二章中已经详细阐述）

② 课前励志诵读：激发学生学习兴趣的重要一环

学期初，选择国学名篇名段、古典诗词歌赋、现代励志篇章等，摘编成册，发给每个学生。课前3分钟，要求领读员大声领读，学生齐读。学生在大声诵读的过程中既能领略国学风韵，又能内化精神，提振士气。课前励志诵读能够大大减少学生课前无准备的现象，符合教学心理学中"引起学生注意"这一重要环节。

2. 课堂教学

① 立标示标、师生确标，总结反馈预习案（前置补偿）

在这个环节中，教师通过引起注意与告知目标，帮助学生完成知识习得阶段的"注意与预期"过程；通过提示学生回忆原有知识，帮助学生完成知识习得阶段的"激活原有知识"的过程。

在这个环节中，教师应出示教学目标，安排学习任务。教学目标要全面、具体、准确、恰当。学习任务要明确，可操作性强，便于引导学生自主学习探究。

② 自学自探，初步理解；共学互助，精细加工

自主探究的要求是：认真自读，记忆基础；主动思考，总结归纳；独立分析，自主完成；标注疑难，准备讨论。

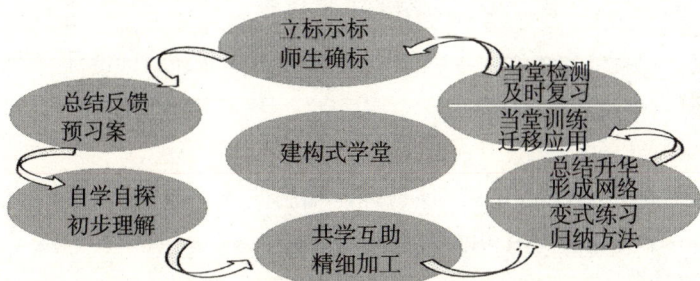

图 3-1 建构式学堂的教学过程

学习小组组长组织本组成员先进行一对一讨论，然后进行小组内部交流讨论。学习小组的每一个成员都要积极参与，讨论将要展示的内容，交流自主探究中遇到的困惑；教师要深入小组参与学生讨论，了解学习进程并及时发现问题。

在这个环节中，教师通过"呈现有组织的新信息"和"阐明新旧知识联系，促进理解"帮助学生完成知识习得阶段的"选择性知觉"和"新信息进入原有命题网络"过程。至此，学生完成了知识习得。

③ 总结升华，形成网络；当堂检测，及时复习

在这个环节中，教师通过对复习与记忆提供指导，帮助学生完成陈述性知识的"认知结构重组"；通过变式练习，提供反馈与纠正，帮助学生完成程序性知识的"知识转化为技能"过程。至此，学生完成了知识的巩固和转化。

3. 课后巩固

训练案是针对本单元或本章学习内容进行的训练和拓展，包括基础知识训练、综合拓展训练、能力提升训练等，可以锻炼学生思维，提升其举一反三、综合运用知识的能力。

课堂学习结束时，教师下发训练案。可以在学生课后完成上交后由教师进行批阅，也可由学生相互批阅后再上交。教师进行二次批阅后，应总结反馈学生的完成情况。教师通过批阅训练案可以了解学情，明确学生学习中的难点和知识盲点，及时纠正备课设计中存在的问题。学生通过完成训练案可使基础知识得到进一步的巩固并检测自己的学习效果。

在这个环节中，教师应通过创设一般情景和特定情境，使学生习得的知识得到迁移和应用。

二、建构式学堂的类型及操作流程

建构式学堂主要包括新授课、复习课、讲评课和补丁课四种课型。

1. 新授课操作基本流程

① 课前准备

个人备课，项目合作。集体备课，编制印发导学案。批阅预习案，课前个人二次备课。培训小组长，课前励志诵读。

② 课堂教学

出示教学目标，师生共同确认。创设教学情景，总结评价学生预习案的完成情况。安排学习任务，明确要求。学生自主学习探究。小组合作学习探究，学习成果展示。师、生点评总结。巩固练习，当堂检测。布置作业。

③ 课后巩固

学生完成课后训练案，教师及时批阅。推行课内外一体化学习共同体的互助学习，扩大学习成果。

2. 复习课操作基本流程

① 课前准备

个人备课，项目合作。集体备课，编制印发导学案。批阅预习案，课

前个人二次备课。课前励志诵读。

② 课堂教学

出示学习目标，明确考点（高考四要素）。总结评价学生预习案的完成情况。梳理知识（构建知识网络）。典型示例，提炼总结规律、方法。迁移应用，反馈矫正，内化提升。

③ 课后巩固

学生完成课后训练案，教师及时批阅。推进课内外一体化学习共同体的互助学习，扩大学习成果。

3. 讲评课操作基本流程

① 课前准备

批阅试卷，全面搜集答题信息。分析学生的答题情况，归纳总结共性问题。个人备课，项目合作。集体备课。课前个人二次备课。课前励志诵读。

② 课堂教学

点评试卷及答题情况，对重点错题涉及的知识进行补偿性复习。学生自查自纠。小组合作互查互纠。学生展示纠错成果，教师点拨、总结。变式训练，巩固成果。

③ 课后巩固

错题整理（或完成满分卷）。

4. 补丁课操作基本流程

复习完一个单元或一章内容之后，教师应根据学生出现的共性问题进行一次集中性的查缺补漏，及时矫正复习中出现的偏差，以帮助学生完成单元章节的知识梳理。

① 课前准备

个人备课，项目合作（通过多种方式找出学生存在的共性问题和复习中的薄弱环节、梳理课后反思中记录的问题、归纳分类平时训练中学生出错较多的题目、批阅学生的错题本、组织学生自查问题并征集学生找出的易错点）。集体备课（集体研讨学生的共性问题，制定补救的措施），编制导学案。批阅导学案中补偿性复习的部分。课前励志诵读。

② 课堂教学

出示学习目标。总结评价学生预习案的完成情况和自主补偿性复习的完成情况。分析重点问题并进行补偿性复习。

③ 课后巩固

学生完成课后训练案，教师及时批阅。推进课内外一体化学习共同体的互助学习，扩大学习成果。

附：我校两种课型的教学模式

新授课流程

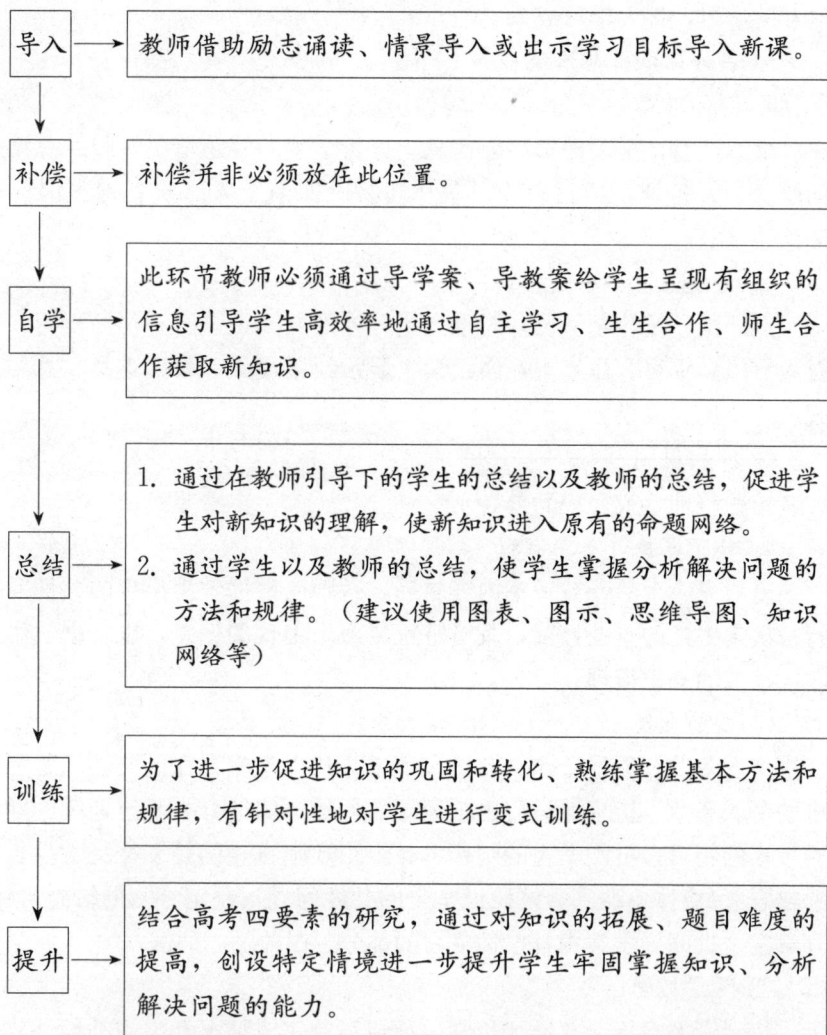

| 导入 | → | 教师借助励志诵读、情景导入或出示学习目标导入新课。 |

| 补偿 | → | 补偿并非必须放在此位置。 |

| 自学 | → | 此环节教师必须通过导学案、导教案给学生呈现有组织的信息引导学生高效率地通过自主学习、生生合作、师生合作获取新知识。 |

| 总结 | → | 1. 通过在教师引导下的学生的总结以及教师的总结，促进学生对新知识的理解，使新知识进入原有的命题网络。
2. 通过学生以及教师的总结，使学生掌握分析解决问题的方法和规律。（建议使用图表、图示、思维导图、知识网络等） |

| 训练 | → | 为了进一步促进知识的巩固和转化、熟练掌握基本方法和规律，有针对性地对学生进行变式训练。 |

| 提升 | → | 结合高考四要素的研究，通过对知识的拓展、题目难度的提高，创设特定情境进一步提升学生牢固掌握知识、分析解决问题的能力。 |

复习课流程

导入 → 教师借助励志诵读、四要素研究成果展示或出示学习目标导入新课。

梳理 →
1. 梳理基本知识：点→线→面→网。
2. 梳理基本知识在高考中如何考、从哪些角度考、从哪些层面考。
3. 梳理高考中考到的基本方法和基本规律。

典例 →
1. 教师根据本节课的复习目标，设置最具有代表性的典型例题，促进学生对知识、方法和规律的理解。
2. 教师在讲解例题的过程中要做到引导学生：
   读题→分析→提取→找切入点→规范布置→总结规律方法

练习 → 针对前面的典型例题，结合高考四要素的研究，创设特定情境进一步提升学生牢固掌握知识、分析解决问题的能力。

总结 → 根据前面的知识梳理、典例分析和练习提升有针对性地进行总结，归纳知识，提炼方法规律。

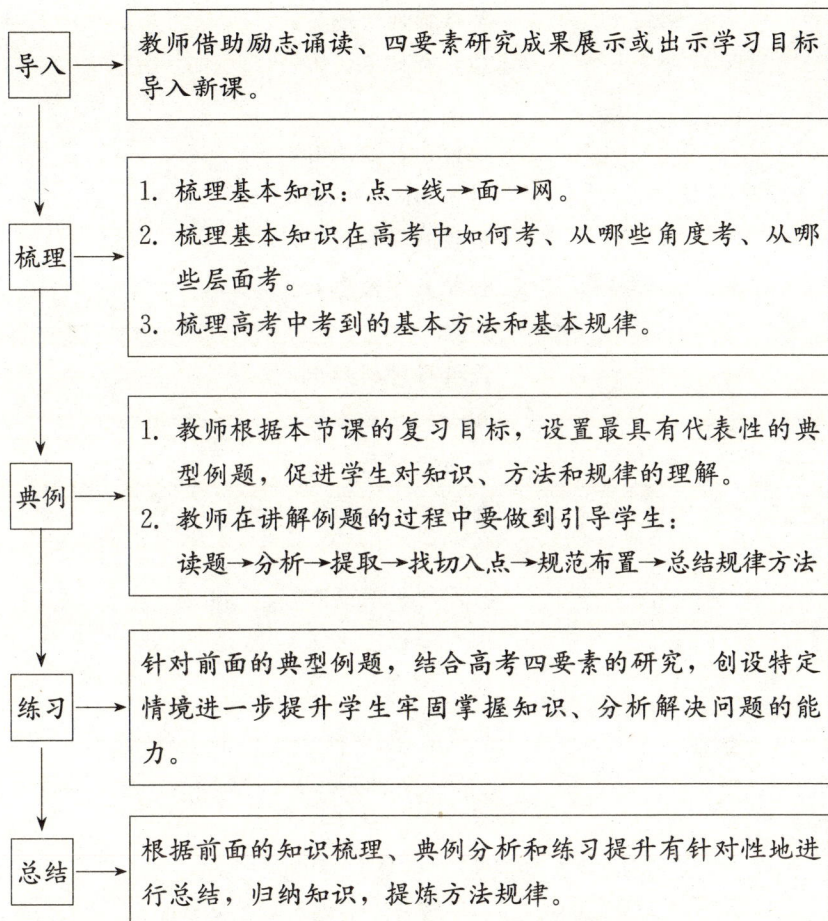

附：以知识点为单位的"六步三段"整体研究

（新授课）口诀：

励志诵读好诗词，
情境导入新课题，
陈述目标很重要，
学生知道哪里去。

起点能力前置补，

激活原有旧知识，
策略提问小测验，
各种补偿要按需。

设计先行组织者，
借用图表和实物，
提供材料和例子，
指导自学来感知。

促进习得新知识，
举一反三和推理，
编写提纲画导图，
新旧知识要梳理。

巩固转化两分支，
陈述知识重记忆，
提供方法和指导，
认知重建与改组。

程序知识多练习，
典例巩固加变式，
总结方法和技巧，
命题转为产生式。

知识应用和迁移，
依据线索要提取，
智慧技能能运用，
认知策略需统一。

第三节 建构式学堂的组织基础

小组合作是建构式学堂的组织基础。学习小组的建设、管理、使用与评价直接影响着教学工作的顺利实施和课堂教学的效率。

1. 学习小组建设

每个学习小组一般以 6～8 人为宜。在分组时，应统筹考虑学生的性别、性格和学习成绩等因素。同组异质，异组同质。一般一学期调整一次。

2. 选好学习小组长

学习小组长通常是教师的帮手、小组核心人物或是学习领袖。小组长的学习能力将影响一个小组乃至一个班级的学习能力，他的学习水平将代表一个班级的学习水平，更代表一个教师的教学水平。

一个优秀的组长就意味着一个优秀的学习小组的形成，小组长能使学习共同体内部形成一种共同的价值认同，创建积极、向上的小组文化，使整个小组团结、有序、共同发展。

(1) 选小组长的标准

选小组长时，可参照以下标准：学习态度积极、率先垂范；学习习惯好、学习能力强；乐于助人、责任心强；组织能力、管理能力强；集体荣誉感强。

(2) 小组长的职责

小组长是学习共同体的领军人物。不仅要组织好小组课堂自主学习、合作讨论，实现小组学习目标，及时检查小组成员课堂学习情况和每天学习内容的落实情况，维持本组同学的纪律，还要检查小组成员的学习笔记和错题集等，并在充分讨论的基础上建立起针对本组成员学习态度、学习效果的评价。

(3) 小组长要处理好的四大关系

小组长要处理好的关系包括：学习与服务的关系；学科工作和行政工作的关系；小组内同学关系的建立与各学科学习的关系；小组内部和小组之间竞争与参与的关系。

3. 学习小组的基本要求

学习小组要有一名有号召力的组长，一个响亮的名字，一个奋进的口号，一套小组组员共同确认的组规组约，一个共同奋斗的目标，一套便于实施的组内合作机制和监督机制。在竞争中合作，在合作中共赢。

4. 学习小组培训的基本要求

学习小组培训主要包括两个方面的内容。一是学习小组文化建设，打造团队凝聚力、向心力，用团队的力量教育、影响每一个组员。二是由级部领导、班主任不定期召开座谈会，对小组长进行指导。任课教师则应经常性地对小组长作正面引导和课前辅导。

班主任和教师要善于培养小组长勇于接受他人意见及团结、协作、交流的意识，指导其如何进行组织和管理；还要培养小组长的合作能力，使其学会条理表达、学会倾听、学会质疑、学会补充、学会总结。

5. 小组评价

公正、客观的评价，有利于增强学习小组的团队意识，带动竞争。通过竞争来促进评价，是小组发展的外部动力。小组评价包括即时性评价、激励性评价、发展性评价三个方面。

小组合作是建构式学堂的核心。学习小组的建设、管理、使用与评价尤为重要。

全国各地的高中教学改革都讲究模式。但是，无论什么模式都要遵循教学规律，因此殊途同归，都注重自主预习、合作互动、质疑探究、训练反馈。我们的教学模式完全具备这些共性特质，并具备我们独到的落实措施，这使我们的教学有章可循。一直以来，我们坚持建构式学堂教学模式不动摇，但绝不模式化。

在教科研改革和实践的路上，没有模式就没有起步，起步之后的模式是引领教师们在教科研路上坚持实践的一个有效措施。我们的模式是符合教育和教学规律的，在更新的成果出现前，我们必须坚持这种模式，并在坚持的过程中固化成果、规范教学行为、防止教学慵懒现象的反弹。但是，任何一个模式都不是完美的，必须在其发展的过程中不断对其进行完善。因此，我们仍然在不断地实践、反思、创新、再实践，以保持它的生命力。

第四章　嵌入式评价的研究

嵌入式评价是以学习目标的生成为标准，以预习案、探究案、训练案为依托，以各类测试和学分认定考试为补充，将课前诊断性评价、课中即时性评价和课后延时性评价有机结合，让评价贯穿于学生学习过程的始终，从而促进学生学习结果良好实现的教学过程。

嵌入式评价是对学习的评价，是针对学生学习状况的过程性评价。它分为课前评价、课中评价和课后评价三个模块。课前评价可通过前置补偿、教材助读、预习检测、同伴互评等形式，达到检测学生原有知识基础、构建预习支架、夯实预习过程、提升预习质量的目的。课中评价可通过课内探究、提问讨论、拓展提升、变式练习、当堂检测等形式，促进新知识进入命题网络并进一步巩固、转化、迁移和运用，达成教学目标。课后评价可通过课后作业、补偿训练、单元测试、模块测试等方式，巩固前期学习成果，使新知识达到精熟水平，进入长时记忆。

嵌入式评价又是对课程的评价，是教师在对课程各要素进行分析评估的基础上对课程进行规划实施和调整的过程，主要包括课程设计评价和课程实施评价。在课程设计评价中，备课项目组对课程的目标、内容、教学策略、时间安排、教学评价等进行系统设计，提出实施建议，教师则根据学生预习案的完成情况进行个性化的调整。在课程实施评价中，教师根据学生探究案、训练案的完成情况和其在学习进程中的其他表现灵活调整教学内容、教学计划和教学策略，并及时进行课后总结，调整课程安排。为了使课程评价能够落到实处，教师应随时了解、观察学生的学习状态和学习进度，调控学生的情绪状态，明确学生学习的难点和知识盲点，及时纠正备课设计存在的问题。同时，对于学生完成的纸质作业和导学案，要做到"有发必收、有收必批、有批必评、有评必纠"，实现"有评价、有反馈、有调整"。

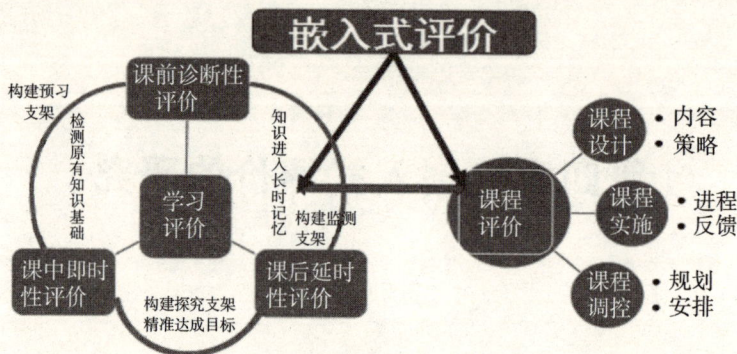

图 4-1　嵌入式评价

在教学实践中，我们主要开发了课前诊断性评价、课中即时性评价和课后延时性评价三种评价类型。

第一节　课前诊断性评价的板块要求与意义

一、课前诊断性评价 1——教材助读

教材助读，即指导学生通读教材，把教材内容读细、读透，并牢记基础知识。通过助读来引导学生完成对本节知识的预习，既对学生的预习起到目标引导作用，又对学生的预习起到过程指导作用。教材助读还有课前诊断性评价的作用。

设计助读材料时，一般按照教材中知识条目出现的先后顺序进行设计，如果有整合内容要标清页码段落。设计时，既要引导学生注意细节知识，又要引导学生理清本课知识的层次，还要引导学生从整体上把握本课知识。

助读设计的形式应灵活多样，避免千篇一律，以防引起学生的厌烦或疲劳。填空（不宜太多）、问题导学、表格、排序列等方式皆可，也可提示学生去查阅相关材料。助读设计要明确、具体，偏重基础，难度适中；要让大部分学生都可以在此引导下顺利完成对本课的预习。设计方式上要注意针对性、层次性、启发性和思考性，既不能完全套用教材，循着教材记"流水账"；又不能难度太大，让学生难以着手预习。

此环节是学生在预习过程中提前了解学习目标后开始的自学过程，是知识的习得过程。此环节的目的是引起学生的注意，提示学生激活原有知识。在这个过程中，预习案提供了大量的精心组织的新信息，可以帮助学生的学习提前进入"选择性知觉"阶段。

二、课前诊断性评价 2——预习自测预设评价

预习自测，即检测学生的预习效果。自测题目不要追求"多、难、深"，要讲究基础性、针对性、实效性。设计题目时，既要避免直问直答，使题目失去思考价值；又不能使题目难度太大，让学生难以着手；还要与课内探究案中的题目区别开来。预习自测可以检验学生对助读中提到的相关知识的预习效果，它既有导向性、反馈性，还有一定的目标激励功能。

设计题目时，可以借用教材中的思考题、探究题并加以变通。自测题目要少而精，而且要灵活多样。判断、选择、问答等方式都可以采用。问题设置要以人为本，有鼓动性和激励性且易于学生接受。

此环节是对学生预习过程习得的最基础的知识的评价途径，是新课进行前学生知识习得的预热过程，对于学生自学能力和学习态度也能起到很好的检测作用。

三、课前诊断性评价 3——课前五分钟的同伴互评

每堂课前预备铃响之后，为督促学生马上进入学习准备状态，我们提前给学生准备了"基础知识堂堂清"的同桌互相提问环节。这样做一方面可以强化复习基础知识，另一方面也能帮助学生更有效地集中注意力，在上课铃响之后更快更好地进入学习状态。

学生间进行自评和互评时，对学生个体而言，及时的肯定可以使其对自己的学习做到心中有数；对学习共同体而言，被提问的同学展示了自我，这对其他同学也能起到督促和鼓励的作用。

此环节也是知识习得阶段激活原有知识的有效途径和策略。

第二节 课中即时性评价的板块要求与意义

一、课中即时性评价 1——课内探究

通过对教材的预习，学生的疑惑往往局限在肤浅的层面。因此，需要教师深入把握教材，并从学生的角度出发围绕学习目标提炼出若干学生可能存在疑惑的问题。这些问题可以是学生预习后提出的疑问，可以是学生根本想不到的疑点，也可以是教师根据多年的教学经验给学生提出的思考点。

课内探究要贯彻"三探究"和"三不探究"原则。"三探究"是指探究重点，探究难点，探究易错点、易混点、易漏点。"三不探究"是指学生已经学会了的不探究，学生通过自主学习能够学会的不探究，学生深入学习也学不会的不探究。

设置探究点时，要与实际生活密切联系，以使学生在关注生活热点问题的过程中灵活理解所学知识，从而提升学生的能力。设置探究点时，还要以一个一个小问题的形式由浅入深、层层展开。通过层层设问和讨论，不断激发学生的思维火花，从而使课内探究成为有序的思维训练过程。

探究点及探究题目的设计对于高效评价的深入持续起到了催化剂和助推器的作用。

二、课中即时性评价 2——拓展提升

该环节是针对本堂知识和能力的拓展提升，需要教师站在更高的高度来设置题目或补充内容以达到帮助学生拓展知识、提升能力的目的。该部分知识既要源于本课内容，又要高于本课内容。这也是以学生为核心的评价板块。

此环节评价了学生习得的知识是否得到了巩固并进入转化阶段。

三、课中即时性评价 3——构建知识网络

师生构建的知识网络可以用框图、分支图、知识树、思维导图等形式来表示。要让学生自己在空白处进行填写。

构建知识网络主要是为了培养学生组织、建构、整合信息的能力，让学生能够比较清晰、全面、系统地掌握所学知识，把握知识的总体特征及各知识之间的内在联系；也可供教师了解学生是否真正把握了一节课的知识体系。

通过复述和精加工策略，学生的命题网络得到了重建与改组。这对知识是否得到巩固起到了评价的作用。

四、课中即时性评价 4——变式训练

所谓变式训练，就是在其他有效学习条件不变的情况下，概念、规则和例证的变化，即在知识转化和应用阶段中题型或题目情境的变化。这些变化将有助于学生获得熟练解决问题的技能。

针对训练中发现的问题，教师应及时辅导、补缺，特别要注重个别辅导（此环节可以延伸到课外），还要通过布置作业进行强化巩固。

通过变式训练这一环节，命题转化为产生式（知识转化为技能）。

五、课中即时性评价 5——当堂检测

当堂检测的题目要根据学习目标的要求来进行命制。通常情况下，应根据学科特点和内容情况，设置学生在 5 分钟内能够完成的题量。

此环节可进一步使学生掌握的知识得到巩固和转化，并能评价学生习得的知识能否转化为典型情境下办事的技能。

第三节 课后延时性评价的板块要求与意义

一、课后延时性评价 1——作业

作业是学生学习的法宝之一。学生的作业上交后，教师必须批改。教师不仅能在一次次批改中找到学生掌握知识过程中出现的问题，更能摸清学生的学习状态。有批改就要有反馈，教师应分析作业完成情况和完成质量，找出学生在哪些方面存在问题，并做好反馈和总结。

此阶段也标志着学习进入了第三阶段——迁移和应用阶段。精心设计的作业题目可以评价和诊断学生是否将习得和巩固的知识转化为一般情境

下办事的技能。

二、课后延时性评价 2——训练案

训练案中的题目是针对本单元或本章学习内容进行的训练和拓展，包括基础知识训练、综合拓展训练、能力提升训练等，目的是锻炼学生的思维，提升其举一反三、综合运用知识的能力。其设计需体现分层次教学的原则，即针对不同的学生设置不同的题目，让不同层次的学生完成不同层次的题目。同时，部分题目应注重知识的综合性，在题目背景的选取和设问方式上应尽可能体现趣味性。

训练案中设计的题目同样可以评价学生习得和巩固的知识是否转化为一般情境下办事的技能。

三、课后延时性评价 3——单元形成性评价

新课程标准指出："评价体系要体现评价主体的多元化和评价形式的多样化，评价应关注学生综合运用能力的发展过程以及学习的效果，采用形成性评价和终结性评价相结合的方式，既关注结果，又关注过程，使对学习过程和学习结果的评价达到和谐统一。"

单元形成性评价是在教育教学过程中，为使教师的专业水平继续提高、让教师不断获取反馈信息从而改进教学而进行的系统性评价，目的是为了找出教师教学工作中的不足，为教师不断改进教学提供依据，帮助教师改进完善教学过程。单元形成性评价是为调节和完善教学活动、保证学习目标得以实现而进行的确定学生学习成果的评价。

此环节主要评价学生习得的知识和办事技能能否迁移到特定情境下。

四、课后延时性评价 4——模块终结性评价

模块终结性评价，是以考试成绩来评定学生学习能力和教学质量的评价，是在一个学习阶段末对学生学习结果的评价。它评价的是学习内容中易于量化的方面，如知识和技能等，结果多以精确的百分制来体现，因此又叫结果性评价。这种评价多在一种正式的、封闭和严肃的氛围中进行，易使学生产生焦虑感和紧张感。

常见的模块终结性评价就是模块学分认定考试。模块学分认定考试的主要功能是考查学生所学模块的基础知识、实际操作技能和利用所学知识

解决实际问题的能力，诊断本模块教学存在的问题，帮助教师和学生改进随后的教与学。同时，模块学分认定考试也是学科学业结束的考试，其主要作用是就这一学科的学习情况给学生一个恰如其分的评价。由于模块终结性评价是概括一学期或一学年课堂教学的评价，所以对学校、教师、学生来说都非常重要。它是学校和教师总结教学工作的主要依据。从这个角度来说，终结性评价比过程性评价的作用更大，影响面也更广。

此环节主要评价学生习得的知识和办事技能能否迁移到特定情境下。

第四节　评价题目的命制策略

无论什么样的评价，最重要的载体都是高效科学的评价题目。因此，高效评价题目的命制十分重要。

嵌入式评价有三个重要支撑：学生知识能力储备（学生原有的知识）、一定数量的高质量题目和高达成度。其中，一定数量的高质量题目是关键。我校对于高效评价题目命制内容的研究主要从四个角度展开：第一，当堂形成性评价；第二，单元形成性评价；第三，模块终结性评价；第四，学科综合性评价。其中，高效评价题目的命制环节是研究的重点。

一、命制评价题目要先进行基于组题的共享式备课

备课组长需事先就设计目的、知识点分布、时间安排、题型及数目、难度系数等内容进行规划。项目合作组根据组长的整体规划组合出套题蓝本。各项目合作组要在既有条件下广泛搜集相关资料，如各地模拟试题、名校联考试题、相关教学网站等，并根据学生实际情况，紧密联系高考变化规律，精心选好题目。之后，通过集体讨论，确定出最成熟的试题。讨论时，应关注以下几个方面：知识点的分布是否科学，是否能实现检测目的；每个题目的难度、综合性及辐射性是否合适；整套题的难度系数是否得当（一般在 0.65 左右）；题目的数量设置是否合适。

组题要做到"以学定题、以考定题"，突出重点，兼顾难点，力图创新，将题目精雕细刻，使题目设置"增加有道理，删减有根据"。备课结束后，相应的试卷或训练案、参考答案和评分标准应整合完成。

二、命制高效评价题目的研究途径和方式是：项目合作组

项目合作组通常按照"确定评价目标—制定双向细目表—编选题目—组配试卷—评价题目难度预测—试答试题—制定标准答案和评价细则"的步骤来编制各类评价题目。

（一）确定评价目标

评价目标（学习目标）是题目编制的出发点和归宿，具有导向和制约的功能。可以根据教学目标，结合不同的评价目的、内容范围、时间限制对其加以确定。评价目标包括评价内容、评价目的、各种量化指标（题目难度系数、评价及格率、优秀率、平均分等）。

（二）制定双向细目表

项目合作组应在认真阅读学科课程标准等相关内容的基础上，根据评价目的、课程标准要求、评价内容和教学目标制定出评价命题及制卷的具体计划。这个计划应包括测试内容（知识、能力）、题量、题型、时限、不同知识点所考查的学习水平及所占比例等各个方面的具体内容，并以命题双向细目表的形式表现出来。

命制双向细目表时，要依据课程标准规定的考试内容和考试范围来确定试题的分布范围和难易程度。对试题的数量以及难度比例的设置要适当，既要考虑让大部分学生评价达标，又要考虑能让不同水平学生的成绩拉开距离。

（三）编选题目

编选试题时，要依据命题原则，对照命题双向细目表，严格选择材料。同时要在编制试题过程中同步编写每一道试题的答案，以便及时发现问题并纠正。试题初步确定后，应做进一步的筛选和修订。首先，对照细目表，审查所编试题是否与各知识点及学生的学习水平相符，并根据具体情况进行增补或删减；其次，依据测验的时间要求确定题量，并对试题做进一步的调整；最后，在完成以上工作的基础上，从科学性、逻辑性、独立性以及语言表达等方面对已经确定下来的题目做最后的修改和审定。

教师在教学时，要在教材中重要的地方做标注；要在批改作业或试卷时记下学生常犯的错误；要经常搜集各种书刊及试题；要随时把搜集到的或自编的试题存入电脑并进行必要的分类，组成自己的试题库，便于以后命题时使用。

　　编选试题时还应注意，题目内容、考试水平、试题难度应符合双向细目表；题目叙述应简练、清楚，内容要准确无误，符合科学性；编选试题的数量要比最后确定的试题数量多一些，以备筛选。

　　（四）组配试卷

　　试题拟好后教师要先按题型顺序编排，再按先易后难的顺序编排，形成梯度，组配成卷，并编拟好指导语。

　　（五）预测难度

　　组卷完成后，教师要根据预测试题的难度，估算学生的得分情况，并由此估算全卷试题的难度；再结合考试目的，适当调整部分试题的难度、类型和试卷结构，使全卷试题的难度系数与考试目的的难度系数相符。

　　（六）试答试题

　　命题结束后，命题教师必须对试题进行试答，并记录答题时间。一般情况下，用于实际考试的时间为命题教师试答时间的三倍。之后，命题教师应根据试答试题的情况和答题的实际时间对试题内容做最后一次调整。

　　（七）制定标准答案和评价细则

　　参考答案应具体明确，准确无误，各题的分值要标明。要根据试题难度和答题时间分配试题不同部分的分数。难度较大、需花较长时间解答的，分值分配应大些。

表 4-1　高效评价试题质量表

评价学科：　　学科备课组长签名：　　教学领导签名：　　年　月　日

一级指标	二级指标	权重分值	权重比例			得分	存在问题举例（扣分原因）
			A（1.0）	B（0.7）	C（0.5）		
评价题目质量80分	教学目标考查度	15	知识和能力：按照考纲和布卢姆知识类框架，各层次要求考查全面、搭配合理。过程、方法、情感态度价值观等合理考查。	知识和能力：按照考纲和布卢姆知识类框架，各层次要求考查基本全面。过程、方法、情感态度价值观等有考查。	知识和能力：按照考纲和布卢姆知识类框架，各层次要求考查不全面、搭配不合理。过程、方法、情感态度价值观等没有考查。		

续表

一级指标	二级指标	权重分值	权重比例			得分	存在问题举例（扣分原因）
			A（1.0）	B（0.7）	C（0.5）		
评价题目质量80分	知识点覆盖面	15	单元覆盖面80%，知识点覆盖面70%。	单元覆盖面70%，知识点覆盖面60%。	单元覆盖面60%，知识点覆盖面50%。		
	难度	10	符合大纲（课程标准）要求，适合学生实际。难度系数为0.6左右且控制在设定值±0.10以内。	基本符合大纲（课程标准）要求和学生实际。难度系数在A级要求设定值±0.20以内。	与大纲（课程标准）要求相差较大，不太适合学生实际。难度系数在A级要求设定值±0.20之外。		
	区分度	5	各分数段人数近似正态分布，区分度0.40以上，或难中易比例2：3：5。	区分度0.30～0.40，或难中易比例部分与A级设定值不符合。	各分数段人数分布不合理，区分度较差。		
	科学性	15	试题表述简明、准确，基本无知识性错误或影响答题的校对错误。	有2处以下表述歧义，或知识性错误，或影响答题的校对错误，有少量其他校对失误。	有3处以上歧义，或知识性错误，或影响答题的校对错误，有少量其他校对失误。		
	创新性	10	有20%题目命题立意新，能体现社会和自然实际，联系科学和社会前沿，学科特点突出。	有10%题目命题立意新，能体现社会和自然实际。有学科特点。	命题没有新意，没有体现新课改精神。		

一级指标	二级指标	权重分值	权重比例			得分	存在问题举例（扣分原因）
			A（1.0）	B（0.7）	C（0.5）		
评价题目质量80分	题型	5	灵活多样，能突出教学目标的考查需要。主客观试题比例、理科定性定量比例合理。	题型较灵活，符合教学目标的考查需要。主客观试题比例较合理。	题型符合要求。主客观试题比例较合理。		
	卷面	5	设计合理，格式规范，方便答题和评卷。	设计较合理，格式较规范，基本能满足答题和评卷需要。	有3处以上不方便答题和评卷的情况。		
评价答案及评分标准20分	答案	10	答案准确、全面，开放性试题列出答题要点或有多种答案情况举例。	有2处以下答案不准确。	有3处以上答案不准确。		
	评分标准	10	赋分合理，给分点明确，操作性强。	赋分基本合理，给分点较明确。有2处以下给分不合理。	有3处以上给分不合理或给分点不够明确，操作性不强。		
总体评价：							

第五节　考后分析策略——评价的重要一环

（一）批阅分析测试情况

要彻底了解学生的学习情况，一定要及时批阅试卷，即使不能全部批阅也要抽样批阅，并进行详细统计。

对于选择题的得分情况，以涂卡答题纸作答的可充分利用阅读机进行处理，这样不仅可以节省时间，而且可以得到详细的分析数据。不使用涂卡答题纸作答的可以用表格进行统计，使学生的得分和错误情况一目了然。

在批阅主观题时，可在批阅时作摘记，记下典型错误和有创意的答案，找出错误根源，定出纠错的具体措施。必要时可以找学生了解其答题过程，以掌握更多的情况。"为什么会错"比"什么是对"更重要，学生的想法有时候容易被教师忽略。

批阅完习题后，应将习题提前发给学生，要求学生在上课前先自己订正错题并进行错因分析。这样可以避免课上核对答案等无效课堂行为，提高习题讲评课的效率。

经过对习题完成情况的统计分析，教师可以全面了解学生的答题情况。对错误集中的题目，要讲清讲透，针对错因，有的放矢；对于个别错误的题目，可以留到课后个别交流。

（二）教师写出试卷分析

教师通过试卷分析，可以了解学生的学习情况并反思自己的教学过程。既包括对教学目标的反思，又包括对教学内容和对教学策略的反思。对教学内容的反思要侧重于教学内容的联系性和贯通性、进度与梯度、内容深度与广度三个方面。

（三）学生自己分析试卷

新课程标准在评价建议中提出："高中课程评价既要促进全体高中学生在科学素养各个方面的共同发展，又要有利于高中学生的个性发展。积极倡导评价目标多元化和评价方式的多样化，坚持终结性评价与过程性评价相结合、定性评价与定量评价相结合、学生自评互评与他人评价相结合，努力将评价贯穿于学生学习的全过程。"让学生自己分析试卷，是顺应新课程标准要求，实现多元化、人性化的评价观，实现教与学和谐统一的有效途径，也是将学生真正当成学习的主体的一种体现。

表 4-2　学生试卷得分情况统计分析表
——高三第一次质量检测

学科_____　班级_____

题号项目	考查的知识点	分值	预设难度	实际得分	答题情况评价	主要出现的问题及原因分析	补救措施

　　我校这几年的实践操作结果表明，试卷分析对于开展教学工作、实现高效评价十分有利。首先，教师可通过这种方式听取学生的意见，了解学生在学习过程中遇到的问题，增加教师自身的教学经验。其次，教师可以了解学生在听课过程中存在的问题以及对自己的意见和建议，进而调整教学策略，努力提高自己的教学水平和专业技能，从而达到师生共同进步的目的。

　　从学生各次试卷分析的内容上可以看出，很多学生赞同这个做法。他们认为写试卷分析有利于帮助自己反思和分析学习情况，是一个十分不错的师生交流平台。在试卷分析中，他们可以畅所欲言，提出自己在学习中的不解和困惑，也可以向教师提出要求或意见，咨询有效的学习方法。学生在改错的过程中，能发现自身在知识掌握上存在的问题，并能在自己解决问题的过程中得到乐趣，拾回信心。学生在自我分析的过程中，大多都能发现自身存在的问题，做出较有针对性的学习计划。

　　值得一提的是，由于高中课程在内容和难度上较初中有着很大变化，学生在试卷分析的内容中，把自己焦虑、失望的心情写了下来。这时，作为教师的我们能够及时了解学生的心情，并给予他们鼓励和信心，帮助他们发现、分析问题，正确认识初、高中学习情况的不同，并帮助他们设置合理的学习目标，引导他们更好地学习。一般来说，这些影响学生学习的主观因素，在分数上是难以显示出来的。当被要求对某次考试做出评价的时候，学生会很自然地将一些关于学习的心里话说出来。教师了解了这些实际情况，就可以做出相应的积极处理措施，从而实现教学策略的科学调整。

第三篇

"SCE项目教学系统"的保障系统

第五章 "SCE 项目教学系统"的资源

第一节 基于科学取向教学论的导学案的研究

一、导学案的概念与作用

导学案的使用主体是学生，它是经项目合作组初备人预先设计的，由教师共享式备课集体研究、商讨制定的，以新课程标准为指导、以素质教育要求为目标编写的，用于引导学生自主学习、主动参与、合作探究、优化发展的学习方案。它以学生为本，以"学习目标"的达成为出发点和落脚点，与教师科学的教学评价有机结合，是学生学会学习、学会创新、学会合作、自主发展的路线图。

导学案的作用主要表现在改变和发展教学方式上。首先，导学案改变了学生"学"的方式。在传统的学习方式中，学生以被动听讲为主，以笔记和练习为辅。学生学习效率低，习得的知识巩固率低，遗忘快。导学案辅助教学可使学生的学习效率大大提高。因为导学案是在遵循学生学习心理规律的基础上编制的"预习案""探究案""训练案"三案合一的学习方案。预习案主要是为了引起学生的学习预期，激活学生原有知识，并初步检测和评价学生的预习情况，使学生的学习过程向课前延伸。探究案主要是为了锻炼和提高学生的探究精神和合作意识。训练案则可以为学生巩固知识和迁移运用知识创设大量的情景，引导学生自主学、主动学、科学学、合作学、反思学。

其次，导学案改变了教师"教"的方式。导学案使教师改变了过去填鸭式、经验型、讲授式的授课方式，让教学真正符合学生学习的心理过程。导学案科学地预设教学环节和策略，规范教学的内容，按照"引起注意与告知目标—提示学生回忆原有知识—呈现有组织的信息—阐明新旧知识关系，促进理解—对复习与记忆提供指导（陈述性知识）—引起反应并提供纠正与反馈（程序性知识）—提供提取知识的线索（陈述性知识）—提供技能应用情境，促进迁移（程序性知识）"的流程提供相应的学习方案，从而使教学成为科学的实践。

以导学案的编写为重要载体，落实、优化共享式备课，单向反思，双向交流，实现智力与精力的共享，为高效课堂的构建奠定了坚实的基础。导学案编制的具体策略是借助现代化教学手段，以网络备课实现高效集体备课。各备课组要根据教学计划提前两周安排分工，项目合作组领到任务后先进行合作组内的集体备课，了解学情，根据课标整合教材，提前一周完成导学案初稿并共享至备课组 QQ 群上。每位教师在认真研究的基础上，对预习案中教材助读问题的设置、探究案中探究点的设置、训练案中各种例题练习的精选，都要提出至少两点建议。主备人在认真听取意见或建议的基础上修改导学案，将修改稿发给每位教师，经一致同意通过后定稿。在此基础上，教师还要进行二次备课。导学案不等于导教案，所以在集体备课、编制导学案、批阅预习案的基础上，备课组里的每位教师都要进行二次备课，根据各班学情、各自的教学特色写出导学设计。这是上好每一节课的关键。

二、导学案的编制策略

1. 导学案的编制原则

（1）主体性原则

编制导学案时，必须尊重学生原有知识实际，注重发挥学生主观能动性；必须信任学生，留给学生充足的自主学习时间，让学生独自体验，从而使学生发现问题、探究问题、解决问题，感悟学习，体验成长。

（2）分层性原则

编制导学案时，要依据"学有规律"原则，遵循学生学习心理规律，对不同层次的学生设置不同梯度的题目。不同梯度的题目设置可以为建构式学堂的合作学习的开展提供有力的方案准备，从而确保不同层次的学生在原有基础上都能得到最大程度的提高。

（3）能力性原则

导学案是高效学习的线路图，而线路图通向的目的地是学生习得知识、形成能力。编制导学案时，要根据培养能力的要求来设计问题的提出、情景的预设和探究的过程。

（4）生活性原则

编制导学案时，必须注重与生产生活实际相结合，也就是创设基于生活的情境，让学生在熟知的情景中掌握知识。

（5）创新性原则

编制导学案时，要注重通过内容创新、方法创新、问题创新和过程创新来培养学生的问题意识和思维能力。同时，随着学生不断发展、教材不断调整、社会形势不断变化，导学案的编制也应随之不断创新和完善，与时俱进。

2．导学案编制的内容模型

基于科学取向的导学案通常按照三案合一的模型来设计。

预习案是引导学生对学习内容进行预习自学的方案，为课堂合作学习和探究学习做准备。

探究案是指导学生自主学习、合作探究的方案，强调学法指导，重在"导"字，解决"会学"的问题。

训练案是学生对知识进行巩固、转化、迁移、运用的载体，立足于学习目标，解决"学会"的问题；也是科学评价学生学习效果的一种重要方式。

3．导学案的编制策略

（1）项目分工，计划先行

备课组长于学期初召开导学案编制小组会议，科学搭配项目合作组，就本学期要学习的内容进行框架式研讨，针对内容的难易程度和单元整合情况分析学情并确定导学案编制项目分工（表5-1）。

表5-1　2014级语文组15—16年度上学期教学项目合作组分工表

时间	内容	负责人	负责项目	备注
1—2周	沁园春 离骚 自读文本	梁爱萍 王晓琳	1. 单元章节设计 2. 导学案　导教案 3. 单元检测 4. "人生的五彩梦" 的主题阅读	共享反思： 课堂预设的美丽 课堂生成的精彩

续表

时间	内容	负责人	负责项目	备注
3—4 周	孔雀东南飞 罗密欧与朱丽叶 自读文本	李保平 宋爱文	1. 单元章节设计 2. 导学案 导教案 3. 单元检测 4. "生命的乐章"的 主题阅读	共享反思： 课堂预设的美丽 课堂生成的精彩
5 周	月考 整合 查缺补漏	项目合作 组二	讲评课件 补丁课	共享反思： 课堂预设的美丽 课堂生成的精彩
6—7 周	逍遥游 唐诗三首 自读文本	张述香 马永	1. 单元章节设计 2. 导学案 导教案 3. 单元检测 4. "深邃的人生感 悟"的主题阅读	共享反思： 课堂预设的美丽 课堂生成的精彩
8—9 周	齐桓晋文之事 我有一个梦想 自读文本	刘宪道 邱霞	1. 单元章节设计 2. 导学案 导教案 3. 单元检测 4. "以天下为己任" 的主题阅读	共享反思： 课堂预设的美丽 课堂生成的精彩
10 周	期中考试 必修五结业 总结	项目合作 组一	讲评课件 补丁课	共享反思： 课堂预设的美丽 课堂生成的精彩
11—12 周	唐诗宋词 第一单元	梁爱萍 王晓琳	1. 单元章节设计 2. 导学案 导教案 3. 单元检测	共享反思： 课堂预设的美丽 课堂生成的精彩
13—14 周	唐诗宋词 第二单元	李保平 宋爱文	1. 单元章节设计 2. 导学案 导教案 3. 单元检测	共享反思： 课堂预设的美丽 课堂生成的精彩

续表

时间	内容	负责人	负责项目	备注
15 周	月考	项目合作组二	讲评课件 补丁课	共享反思： 课堂预设的美丽 课堂生成的精彩
16—17周	唐诗宋词第三单元	张述香马永	1. 单元章节设计 2. 导学案　导教案 3. 单元检测	共享反思： 课堂预设的美丽 课堂生成的精彩
18—19周	唐诗宋词第四单元	刘宪道邱霞	1. 单元章节设计 2. 导学案　导教案 3. 单元检测	共享反思： 课堂预设的美丽 课堂生成的精彩
20—22周	复习备考	项目合作组一	讲评课件 补丁课	共享反思： 课堂预设的美丽 课堂生成的精彩

（2）项目合作，形成初稿

项目合作组将分到的导学案编制任务提前一周在项目合作组内部进行初步集体研究，由一人主笔编制导学案初稿。

（3）初稿共享，提前预览

编制人将初稿打印出来，将该内容在共享式备课前发给学科领导和备课组的各位教师。每位教师在共享式备课前都要用红笔演练一遍。

（4）共享备课，完善定稿

共享式备课时，导学案的编制人首先就编制的思路、导学案的内容、使用中的处理方式、应注意的问题和可能出现的问题进行说课。每位教师都要提出自己的修改意见。然后大家共同讨论直至最后定稿。

（5）印制学案，下发使用

编制人根据学科领导和教师的建议，进一步修改完善初稿，印制并下发给学生。

三、导学案的使用策略

导学案使用的主体是学生。

预习案的基本内容设置包括：学习目标（参照两维教育目标分类框架框架）；高考四要素研究成果（我校另一项研究成果）；前置补偿（激活原有知识）；典型题示例（与高考四要素板块整合在一起）；教材助读；预习自测；我的疑惑。预习案是课前学生自主学习的线路图，必须提前下发，由学生在规定时间内自主完成，并写出预习中产生的疑惑。教师应收缴、批阅预习案，以便在建构式学堂中进行反馈并有针对性地设计和修改教师的导教案。

探究案的基本内容设置包括：探究点（精选 2～3 个探究点）；拓展提升；我的知识网络图；当堂检测；我的收获。学生通过对教材的预习，疑惑往往局限于肤浅的层面。因此，教师需要深入把握教材，从学生的角度出发并围绕学习目标总结出若干问题。这些问题可能是学生预习后提出的疑问，可能是学生根本想不到的疑点，也可能是教师根据多年的教学经验给学生提出的思考点。教师要站在课程高度，根据课标要求，结合自己多年的教学经验编写这一栏目。学生上课时使用该部分内容引导自己进行选择性知觉，并促进新信息进入自己原有的命题网络。

训练案是针对预习案和探究案的内容进行的训练和拓展，包括基础知识训练、综合拓展训练、能力提升训练等，用以锻炼学生思维，提升学生举一反三、综合运用知识的能力。在题目背景选取和设问方式上应尽可能体现趣味性、综合性和梯度性，以使学生习得的知识在巩固转化后能在适当的情景中进行训练，从而实现知识的迁移和运用。

表 5-2 章丘五中"实名制导学案"评价标准

科目　　　　　　年级　　　　　　编写教师

指标	评价内容	评价
A1 学习目标 15 分	B1 正确解读课程标准，紧扣考纲要求。（5分）	
	B2 对各知识点在知识维度上的分类正确且具体。（5分）	
	B3 对学习目标的陈述定位具体、明确、便于操作。（5分）	

续表

指标		评价内容	评价
A2 文本结构设计 15分	B4	整体布局合理，项目齐全，预习案、探究案、训练案安排的量、度得当。（5分）	
	B5	字体、字号、行（字）间距、段落及图表排版协调、舒适，便于阅读。（5分）	
	B6	重点、难点突出；自主学习、合作探究任务明确；便于学生修改、补充、反思、总结。（5分）	
A3 文本内容设计 50分	B7	为学生提供了作为"先行组织者"的恰当的信息，能帮助激活原有知识，完善认知结构，为学习新知识做好铺垫。（5分）	
	B8	预习内容的信息量适当、难度适中，学习任务和要求明确具体，具有导学性；前置补偿内容恰当、适度，嵌入实时、适当。（10分）	
	B9	探究点设置合理，有层次性，符合学生的认知规律，探究任务具体明确。（5分）	
	B10	在每个知识点的学习过程中都能呈现出恰当、适量、有组织的信息。（10分）	
	B11	对三类知识的学习环节设计符合相应的过程模式，符合陈述性知识和程序性知识的学习认知规律。（10分）	
	B12	通过典型例题和巩固练习，引导学生总结掌握陈述性知识的"记忆术"，程序性知识运用的"产生式"，有利于帮助学生掌握知识，形成技能。（10分）	
A4 文本内容设计 10分	B13	设计安排的当堂检测题量适中，能突出本堂课的重难点，既能反馈达标情况，又能促进学生对所学知识与技能的巩固与迁移。（5分）	
	B14	给学生提供自主学习拓展的丰富多样的资源链接、学习方式或渠道提示。（5分）	
A5 设计特色 10分	B15	学案创意新颖，风格独特，具有较强的引领和示范作用。（10分）	
整体评价			总分

附导学案案例：高中语文

单元主题：宋词阅读鉴赏

【单元内容总述】

本单元的主要内容是宋词的阅读鉴赏，由四首豪放词和四首婉约词组成，选取了几位大家的名作，兼顾了豪放和婉约两种风格。词的句式错落有致，长短悬殊。小令显得轻灵飞动，长调则便于写景，叙事和抒情交互融合。

词具有很强的节奏感和音乐性，欣赏时要反复吟诵，体会其声律美；也要在理解作品内容的同时，运用想象和联想，领悟其中情与景浑然交融的意境。

单元整合遵循诗词"吟诵—理解—鉴赏"的思路，做 4 课时的单元整合学案。

【婉约派与豪放派的词风】

据南宋俞文豹《吹剑续录》载："东坡在玉堂，有幕士善讴，因问：'我词比柳词何如？'对曰：'柳郎中词，只合十七八女孩儿执红牙拍板，唱杨柳岸晓风残月。学士词，须关西大汉，执铁板，唱大江东去。'公为之绝倒。"

这则故事，对比了两种词风的不同。婉约，即婉转含蓄。其特点主要是内容侧重儿女风情，结构深细缜密，音律婉转和谐，语言圆润清丽，有一种柔婉之美。以李清照、柳永为代表。婉约词风长期支配着词坛，形成于晚唐，兴于两宋。姜夔、吴文英、张炎等大批词家，皆受影响。

豪放派的特点，大体是创作视野较为广阔，气象恢宏雄放，喜用诗文的手法、句法写词，语词宏博，叙事较多，不拘守音律，然而有时失之平直，甚至涉于狂怪叫嚣。南宋之后，由于时代巨变，悲壮慷慨的高亢之调应运发展，陈与义、叶梦得、朱敦儒、张孝祥、张元幹、陈亮、刘过等人承流接响，蔚然成风。豪放词派不但震烁宋代词坛，而且广泛地影响词林后学，从宋、金直到清代，历来都有标举豪放旗帜，大力学习苏、辛的词人。

【诗歌鉴赏　高考四要素分析】

课程标准	考点	考纲	考向精测
学习鉴赏诗歌的基本方法，初步把握诗歌的艺术特性，注意从不同角度和层面发现作品意蕴，不断获得新的阅读体验。	1. 鉴赏诗歌的形象、语言和表达技巧。 2. 评价诗歌的思想内容和作者的观点态度。	1. 识记 2. 理解 3. 分析综合 4. 鉴赏评价	预测1：形式方面，仍以简答题为主，开放性试题会逐渐增多。 预测2：内容选材呈多样化，范围大大拓展，唐诗宋词仍占主导。
高考考题回顾	【2015山东卷】14. 阅读下面的宋词，回答问题。（8分） 卜算子 张元幹 风露湿行云，沙水迷归艇。卧看明河月满空，斗挂苍山顶。万古只青天，多事悲人境。起舞闻鸡酒未醒，潮落秋江冷。 〔注〕张元幹，宋代爱国词人。 （1）请对上片前两句中的"湿""迷"二字分别作简要赏析。（4分） （2）"起舞闻鸡酒未醒，潮落秋江冷"表达了作者怎样的思想感情？请做简要分析。（4分）		

《辛弃疾词两首》导学案

整合学案编号	编制人	审核人	预计使用时间
1	梁爱萍	项目合作组2	4月20日

学习目标	事实性知识：1. 了解辛弃疾其人及其风格。 程序性知识：2. 深刻体会词中情景交融、用典的艺术特色。 　　　　　　　3. 在诵读品味中提升鉴赏和朗读诗词的能力。 情感态度价值观：4. 体会辛弃疾面临人生困境时的选择，理解 　　　　　　　诗人的情志，丰富学生的情感世界。
学习重难点	分析典故寄托的作者情感，深刻理解词人情志。

【预习案】

预习内容

※ 1. 走进作者

因生长于金人占领区，辛弃疾自幼就决心为民族复仇雪耻，收复失地。1161 年，辛弃疾 22 岁，率领 2000 多名家乡父老兄弟起义抗金，后 20 年间金戈铁马，气吞万里如虎。南归之初，身为"归正人"的辛弃疾因受到歧视而不被信任。他手里失去了钢刀利剑，就只剩下一支羊毫软笔。他也再没有机会奔走沙场，血溅战袍，而只能笔走龙蛇，泪洒宣纸，留下一声声悲壮的呼喊、遗憾的叹息和无奈的自嘲。辛弃疾这个人，词人本色是武人，武人本色是政人。他的词是在政治的大磨盘间磨出来的豆浆汁液。他由武而文，又由文而政，始终在出世与入世间矛盾，在被用或被弃中受煎熬。他有着一身早练就、憋不住、使不完的劲。他不计较"为五斗米折腰"，也不怕谗言倾盆。所以随着时局起伏，他就大忙大闲，大起大落，大进大退。稍有政绩，便招谤而被弃；国有危难，便又被招而任用。他亲自组练过军队，上书过《美芹十论》这样著名的治国方略。他是贾谊、诸葛亮、范仲淹一类的时刻忧心如焚的政治家。他像一块铁，时而被烧红锤打，时而又被扔到冷水中淬火。

本词作于 1174 年，作者南归已八、九年了，却投闲置散，作一个建康通判，不得一遂报国之愿。偶有登临周览之际，一抒郁结心头的悲愤之情。

※2. 朗读本词，结合注释，疏通词句

预习指令：自主学习，限时 15 分钟。

预习自测：

1. 辛弃疾——南宋（　　）派代表词人，字（　　），号

（　　）。一生主张（　　　），其词笔力雄厚，与苏轼并称（　　　）。写作本词时作者年龄（　　　），人生际遇是（　　　　　　　　　　　）。

2. 正字音

遥岑（　　）　　玉簪（　　）　　鲈鱼堪脍（　　　）

揾英雄泪（　　）

3. 细读典故的注释，用简洁的语言分别概括两首词中的典故。

（1）《水龙吟》中的 3 个典故：

（2）《京口北固亭怀古》中的 5 个典故：

4. 词人登上建康赏心亭都看到了什么？听到了什么？做了哪些动作？

【抓修饰词】

用一两个词概括《水龙吟》的感情基调。

看到了：（壮阔的）楚天　_____

听到了：_____

做的动作：_____

感情基调：_____

【探究案】

探究一：个性化品读《水龙吟》

自主探究要求	指令
（一）赏析上片 上片中，词人登高后看到了什么？听到了什么？做了什么动作？择取其中一句，抓住意象或抓住关键词，分析所见所闻所为触动了词人什么的情感？	结合预习案第4题，自主探究，组织答案，展示个性化解读，限时3分钟。 【温馨提示】借助注释，勾画相关词语，理解词句含义按照一般环节：内容＋手法＋感情分析。

我的解读和疑惑：
小结（学有所获）

自主探究要求	指令
（二）赏析下片 1. 概括下片的三个典故内容（难度系数★） 2. 作者用了哪些词表达了对不同典故的态度，要借典故表达什么情感？（难度系数★★）	自主学习填表，小组交流探讨，展示成果，限时6分钟。 【温馨提示】细读注释，弄清典故中的人和事，结合作者对古人古事的态度，分析借典传情。

概括典故内容	表明态度的词语	借典故传达情感

小结（学有所获）

总结：我眼中的辛弃疾
【温馨提示】可以用词语或整齐的句子甚至对联进行评价
一花一世界，一词一人生，品读《水龙吟》，我认识了一个
（　　　　　）的辛弃疾！

探究二：多样化演绎《水龙吟》

词的韵可以朗诵，词的调可以演唱，词的美可以书写……让我们用不同的形式去体验词的美吧！

据自己所长，择取下面一种形式演绎《水龙吟》；小组内展示，择优推举；小组间共享学习。

【温馨提示】1. 抒情朗诵（注意拖音停顿等朗读技巧）

2. 配乐演唱（选愁绪满怀的曲调，填词演唱）

3. 散文化改写（发挥想象力，择取一句，力求动情动人）

4. 将词凝练成诗……

学以致用——当堂检测

默写《水龙吟》

【训练案】

1.《永遇乐》中的 5 个典故中的历史人物有何共同特点？其用意何在？

2. 辛弃疾引用宋文帝北伐惨败的故事的目的是什么？

3. "凭谁问：廉颇老矣，尚能饭否？"有人说这一句洋溢的是满腔豪情，也有人说是悲情怨语，说说你的理解。

4. 比较《水龙吟·登建康赏心亭》和《念奴娇·赤壁怀古》两首词在情感表达和艺术特色方面的相同点。

老师寄语：每个人都必然被上天赋予一种出类拔萃的才能，你绝不例外！！！

《苏轼词两首》导学案

整合学案编号	编制人	审核人	预计使用时间
2	李保平	项目合作组 2	4 月 22 日

学习目标	事实性知识：1. 初步了解苏轼其人及苏词雄壮超脱、奔放流转的艺术风格。 程序性知识：2. 品读苏词的景物描绘和人物刻画，理解词人复杂的心情。 情感态度价值观：3. 体会词人丰富的思想感情和旷达豪放的意境，在词的艺术境界中提升自己的人格。
学习重难点	理解苏轼矛盾、复杂的思想情感。

【预习案】

一、素材积累

1. 三起六落之人生——一起二落

苏轼（1037—1101），字子瞻，眉州眉山（今属四川）人，他出身于一个比较清寒的文士家庭。父亲苏洵由发愤读书而入仕，受父亲影响，苏轼走上了同样的道路，年轻时"学通经史，属文日数千言"。二十岁时，受欧阳修的赏识，考取进士，治平三年，任命直史馆，开始了似乎可以大展才华的仕宦生涯。但不久，因不主张骤然变法，与王安石政见不合，自请外任杭州通判，后徙知密州、徐州、湖州。任地方官期间，体恤民情，改革邑政，颇有政绩。元丰二年因诗讥新法，以"讪谤朝政"罪入狱（史称"乌台诗案"）。后获释，贬黄州团练副使，移汝州。

2. 苏轼名字的由来

苏轼名轼，字子瞻。他从小生性活泼外向，于是苏洵给他起名字时，便用了"轼"字，指暴露于车厢前的横木；凭轼而立，可以高瞻远眺，所以字曰"子瞻"。这个名和字，预示了苏轼性格的磊落正直、毫无掩饰。苏洵也曾告诫过苏轼："车如果没有轼，就不是完整的车；人如果不正直，就不是完整的人。但轼横于车前，毫无掩饰，如遇翻车，则首先折断。你的性格过于耿直外露，如不收敛，将来恐怕要吃大亏。"这些话几乎预言了苏轼的一生。

3. 文题背景

元丰二年（1079），那些曾经依附过王安石的小人搜集苏轼对新政不满的诗句，弹劾苏轼，致其入狱。这就是宋代第一起文字狱——"乌台诗案"。苏轼被捕入狱，历时五个月，不论在朝在野、政见同与不同，营救者络绎不绝（包括王安石）。最后，宋神宗决定不杀苏轼，而以贬为黄州团练副使了事。从元丰二年（1079）到元祐元年（1086），在黄州生活的这七年，对苏轼一生产生了重大影响。黄州团练副使仅仅是个虚名，他不仅没有俸禄，而且受到监管。当时苏轼在许多信里反复叮嘱友人"看讫，火之"，"传闻京师，非细事也"。他在黄州城东开垦了十亩荒地，田旁筑一茅屋，辛勤躬耕，自得其乐。黄州的生活使苏轼的思想发生了巨大的改变：一方面，他观察问题变得比较通达，在一种超然物外的旷达态度背后，仍然坚持着对人生、对美好事物的追求；另一方面，又产生了较为严重的逃避现实的消极思想。

《定风波》作于宋神宗元丰五年（1082），苏轼贬谪黄州后的第三年。写眼前景，寓心中事；因自然现象，谈人生哲理。属于触景生情。《东坡志林》说："黄州东南三十里为沙湖，亦曰螺蛳店，予买田其间，因往相田。"因途中遇雨，便写出这样一首于简朴中见深意、寻常处生波澜的词来。

二、朗读两首词，标注字音，完成预习自测（10 分钟）

三、预习自测

1. 苏轼（1037－1101），字＿＿＿＿＿＿，又字和仲，号＿＿＿＿＿＿，

世人称其为"苏东坡"。眉州（今四川眉山市，北宋时为眉山城）人，祖籍栾城。北宋著名文学家、书画家、词人、诗人，美食家，唐宋八大家之一，_____派词人代表。其诗，词，赋，____，均成就极高，且善____和绘画，是中国文学艺术史上罕见的全才，也是中国数千年历史上被公认的文学艺术造诣最杰出的大家之一。其散文与欧阳修并称；诗与黄庭坚并称；词与辛弃疾并称；书法名列"苏、黄、米、蔡"北宋四大书法家之一；其画则开创了湖州画派。

2. 我知道的苏轼的诗词：

3. 注音：

淘（　　）　垒（　　）　发（　　）　纶（　　）　樯橹（　　）

华（　　）　酹（　　）　料峭（　　）　一蓑（　　）

预习留言板：请将预习后尚未解决的问题整理下来

【探究案】

一、诵读《念奴娇》鉴赏上阕

自主探究：上阕写了哪些景物？呈现了怎样的特点？把你的理解用合适的重读、拖音等朗读出来！（难点系数★）

二、诵读《念奴娇》鉴赏下阕

自主探究：1. 下阕塑造了一个怎样的周瑜？选择合适的语调节奏朗读出来！（难点系数★）

（　　）（　　）（　　）的周瑜。（多多益善）

自主探究：2. 三国英雄辈出，作者为什么偏偏选择了周瑜？（难点系数★★）

	周瑜	苏轼
年龄		
婚姻		
外貌		
职位		
际遇		

合作探究：3. 有人说，全词结尾一句"人生如梦，一尊还酹江月"，色调灰暗，格调低沉，反映了苏轼思想中消极颓废的一面。你是如何看待的？（难点系数★★）

三、课堂小结

《念奴娇·赤壁怀古》描写的赤壁之景，塑造的英雄周瑜，抒发了_____的人生感悟。我获得了_____的人生启示。

四、当堂检测

请为"感动我们的文本人物之苏轼"拟写颁奖词，可以是对仗句，也可以是小短文！

_____

_____

_____

_____

【训练案】

一、读《定风波》，画出准确的音节

莫听穿林打叶声，何妨吟啸且徐行。竹杖芒鞋轻胜马，谁怕？一蓑烟雨任平生。

料峭春风吹酒醒，微冷，山头斜照却相迎。回首向来萧瑟处，归去，也无风雨也无晴。

二、由画境悟诗情，结合诗词创作背景，回答下面问题

1. 借助词前小序，说说这首词表达了词人什么样的性格特征和生活态度。

2. 开头"莫听""何妨"两个词，表达了词人怎样的情怀？

3. 试分析"一蓑烟雨任平生"和"也无风雨也无晴"的深刻含意。

4. 说说《定风波》这首词是如何将深邃的人生哲理和日常生活小景有机统一的？

【课外拓展阅读之苏轼传世名句】

【词篇】

明月几时有？把酒问青天。

人有悲欢离合，月有阴晴圆缺。

但愿人长久，千里共婵娟。

春色三分，二分尘土，一分流水。

一点浩然气，千里快哉风。

拣尽寒枝不肯栖，寂寞沙洲冷。

枝上柳棉吹又少，天涯何处无芳草。

笑渐不闻声渐悄，多情却被无情恼。

小舟从此逝，江海寄余生。

十年生死两茫茫，不思量，自难忘。

会挽雕弓如满月，西北望，射天狼。

休道人生无再少？门前流水尚能西！休将白发唱黄鸡。

【诗篇】

欲把西湖比西子，淡妆浓抹总相宜。

不识庐山真面目，只缘身在此山中。

春宵一刻值千金，花有清香月有阴。

竹外桃花三两枝，春江水暖鸭先知。

庐山烟雨浙江潮，未到千般恨不消。

日啖荔枝三百颗，不辞长作岭南人。

老师寄语：每个人都必然被上天赋予一种出类拔萃的才能，你绝不例外！！！

《柳永词两首》导学案

整合学案编号	编制人	审核人	预计使用时间
3	宋爱文	项目合作组 2	4 月 24 日

学习目标	事实性知识：1. 识记婉约词词风，了解柳永的生平和思想。 程序性知识：2. 能用自己的语言描绘词的内容，通过分析意象，能够评价词的内涵和情感。 情感态度价值观：3. 培养学生自行阅读鉴赏诗词的能力。
学习重难点	深刻体会词中情景交融、虚实相济的艺术特色。

【预习案】

预习要求：1. 了解作者及其词风。

2. 自主诵读本词，初步感受《雨霖铃》的内容及其基调。

预习指令：自主学习，限时 15 分钟。

预习自测：

1. 柳永——北宋（   ）派代表词人。原名（   ），后改名永，字（　　）。官屯田员外郎，世称（　　　　）。为人放荡不羁，终身潦倒。其词多描绘城市风光和歌伎生活，尤其长于抒写羁旅行役之情。创作慢词，铺叙刻画，情景交融，语言通俗，音律谐婉，在当时流传很广，相传当时"（　　　　　　）"，有《乐章集》。

2. 根据诗词倒装可调整语序，试着翻译本词：

寒蝉凄切，对长亭晚，骤雨初歇。都门帐饮无绪，留恋处，兰舟催发。

执手相看泪眼，竟无语凝噎。念去去，千里烟波，暮霭沉沉楚天阔。

多情自古伤离别，更那堪冷落清秋节。今宵酒醒何处，杨柳岸，晓风残月。

此去经年，应是良辰好景虚设。便纵有千种风情，更与何人说。

一言以蔽之，本词写了：＿＿＿＿＿＿＿；基调：＿＿＿＿＿＿
同是此感情的诗句我还知道① ＿＿＿＿＿＿＿＿＿＿＿＿＿
② ＿＿＿＿＿＿＿＿＿＿＿＿＿＿＿＿＿＿＿＿＿
③ ＿＿＿＿＿＿＿＿＿＿＿＿＿＿＿＿＿＿＿＿＿
3. 我最喜欢本词中的"＿＿＿＿＿＿＿＿＿＿＿＿＿＿＿"
一句，让我扩写成动情优美的文字：

【探究案】

探究一：个性化品读《雨霖铃》

1. 词中实写了哪些意象？这些意象有什么特点？营造了什么意

境？传达了词人什么情感？【给每个意象加一个修饰词，如（　　）的蝉】

小结：解读诗词的钥匙之一

2. 结合虚写内容，充分发挥想象力，谈谈词人离别后的痛苦是否随时间推移而淡忘？【选取其中一句，抓一个关键词说说你的理由】

小结：解读诗词的钥匙之二

探究二：多样化演绎《雨霖铃》

词的韵可以朗诵，词的调可以演唱，词的美可以书写，词的意境也可以用诗凝练浓缩……让我们用不同的形式去体验词的美吧！

【温馨提示】1. 抒情朗诵（注意拖音停顿等朗读技巧）

2. 配乐演唱（选愁绪满怀的曲调，填词演唱）

3. 散文化改写（发挥想象力，力求优美动情）

4. 把词改写成诗（注意押韵字数）……

根据自己所长，择取其中一种形式演绎《雨霖铃》；小组内展示，择优推举；小组间共享学习。

当堂检测【2014 安徽卷】

琅琊溪

［宋］欧阳修

空山雪消溪水涨，游客渡溪横古槎①。

不知溪源来远近，但见流出山中花。

【注】① 槎（chá）：这里指拼扎而成的简易木桥。

对诗的理解正确的一项是（　　）

A. 这首诗描写了雪消溪涨、游客渡溪、古槎横流、山花随溪水流出等画面。

B. 表现了作者对琅琊溪美景的喜爱之情，体现了作者寄情山水的悠然情怀。

C. 虚写山花随溪水流出的景象；实写山中的春意，以及溪源之远、溪流的曲折。

D. 虚实结合，激发了读者的想象，丰富了画面的内涵。

【训练案】

自学姊妹篇《望海潮》

自学导引：

1. 上片从哪些方面表现了杭州的形胜和繁华?

2. 赏析"有三秋桂子，十里荷花。羌管弄晴，菱歌泛夜，嬉嬉钓叟莲娃。"

比较鉴赏：

谈谈与《雨霖铃》的词风有何不同?

【课后作业】背诵默写《雨霖铃》

自评：

上课感言：

《李清照词两首》导学案

整合学案编号	编制人	审核人	预计使用时间
4	胡文辉	项目合作组2	4月26日

学习目标	事实性知识：1. 识记婉约词词风，了解李清照的生平和思想。 程序性知识：2. 能用自己的语言描绘词的内容，通过分析意象，能够评价词的内涵和情感，深刻领悟李清照的悲怀愁绪。 情感态度价值观：3. 提高学生阅读鉴赏诗词的能力。
学习重难点	分析意象，总结常见意象所表达的感情。

【预习案】

●预习要求：

1. 结合学案和课下注释，了解作者及其词风。

2. 自主诵读全词，初步感受《声声慢》的内容及其感情基调。

●预习指令：

自主学习，双色笔勾画，限时15分钟。

●预习内容：

一、知人论世

李清照，号易安居士，济南人，婉约词派的代表，其词被称为易安体。其父亲李格非是学者兼散文家，母亲出身于官宦人家，也有文学才能。李清照自幼就受过很好的教育，多才多艺，能诗词，善书画。李清照十八岁嫁与宰相赵挺之子赵明诚，赵明诚爱好金石之学，有很高的文化修养。婚后，他们过着美满和谐的生活，夫妇常常在一起诗词唱和，欣赏金石拓片。

李清照前期的词大多数写自己对情感尤其是离别之情的感受，词风真挚细腻、委婉动人。但时代的巨变打破了李清照闲适恬静的生活。汴京失守，李清照也"载书十五车"于建炎二年南下江宁。第二年赵明诚去世，接着金兵深入南下，她又到处流亡，曾被人诬陷通敌。再后来，赵明诚生前多年收集的金石古玩因战乱而丢失，她的境况也变得越来越艰难，由一个无忧无虑的贵妇人，一变而为流落无依、形影相吊的寡妇。李清照南渡后的词和前期相比迥然不同，充满了凄凉、低沉之音，主要是抒发伤时念旧、怀乡、悼亡的情感，充满了浓重的哀愁。

二、诵读全词

要求：注意字音、断句、语气、感情。

三、整体感知

要求：结合课下注释及工具书理解词意把握情感。

●预习自测

解释下划线的词句

寻寻觅觅，冷冷清清，凄凄惨惨戚戚。乍暖还寒时候，最难将息。三杯两盏淡酒，怎敌他、晚来风急！雁过也，正伤心，却是旧时相识。

满地黄花堆积，憔悴损，如今有谁堪摘？守着窗儿，独自怎生得黑！梧桐更兼细雨，到黄昏，点点滴滴。这次第，怎一个愁字了得！

【探究案】

●探究一：

"寻寻觅觅，冷冷清清，凄凄惨惨戚戚。"《声声慢》用十四个叠字开头，历来为人称赞，试分析其妙处。

●探究二：

王国维《人间词话》中说"一切景语皆情语"，当作者带着满眼的忧愁去观察周围的事物时，"物皆着我色"。思考作者在词中选取了哪些意象来表现她的愁，并分析原因。

●常见意象小结：

●当堂检测

要求：5分钟当堂背诵，完成默写填空。

寻寻觅觅，冷冷清清，＿＿＿＿＿＿＿。乍暖还寒时候，最难将息。三杯两盏淡酒，怎敌他、晚来风急！＿＿＿＿＿＿＿，＿＿＿＿＿＿＿，＿＿＿＿＿＿＿。

满地黄花堆积，＿＿＿＿＿＿＿，＿＿＿＿＿＿＿！守着窗儿独自怎生得黑！＿＿＿＿＿＿＿，＿＿＿＿＿＿＿、＿＿＿＿＿＿＿。这次第，怎一个愁字了得！

【训练案】

自学《醉花阴》

自学导引：

●结合课下注释及工具书，整体感知全词，把握感情，熟读成诵并全文默写。

●思考以下两个问题：

① 一个"愁"字贯穿整首词，也就是所谓的词眼。那么，词中哪些意象体现出愁呢？请一一列举，并作分析。

② 你最喜欢《醉花阴》的哪一句？默写下来并作分析。

●对比鉴赏

《醉花阴》与《声声慢》这两首词一首作于早年，一首作于晚年，作者同是写愁思，其中蕴含的情感和营造的意境是否相同？试加以分析。

自评：

上课感言：

宋词鉴赏方法整合

宋词是中国古代文学中的璀璨明珠，她与唐诗争奇，与元曲斗艳，代表着一代文学之盛。在古代文学的阆苑里，她是一座芬芳绚丽的园圃，我们要想领略她的千姿百态、姹紫嫣红，就必须要读懂宋词、学会鉴赏，如此才能找到通幽之曲径，得见禅房之花木。

一、从词人入手，知人论世

古人云："文如其人哉！"鉴赏宋词，我们需要先了解词人。因为作者的经历、感情、修养等都会影响到词的创作。所以在赏析一首宋词前，我们需要了解作者，并结合创作背景，这样才能更好地理解一首词。

《醉花阴》是李清照前期的怀人之作。李清照婚后不久，丈夫赵明诚便"负笈远游"，深闺寂寞，她深深思念着远行的丈夫。这年，时届重九，人逢佳节倍思亲，便写了这首词寄给赵明诚。在这里，词人巧妙地将思妇与菊花相比，展现出两个叠印的镜头：一边是萧瑟的秋风摇撼着羸弱的瘦菊，一边是思妇布满愁云的憔悴面容，情景交融，创设出了一种凄苦绝伦的境界。贯穿全词的愁绪因"瘦"而得到了最集中最形象的体现。

在了解作者李清照的经历后，便容易理解这首词了。李清照的词的创作分为两个阶段，这跟她的人生经历密切相关。早年的李清照，跟丈夫赵明诚过着无忧无虑的幸福生活，其创作多写少女悠闲风雅的生活情趣和伤别的闺思情调。后来金兵入据中原，一家人流寓南方，赵明诚病死，李清照多悲叹身世，情调感伤，有的也流露出对中原的怀念，风格顿变。

二、从词的主题入手，对比赏析

赏析一首词，首先要能准确地理解词的意思，从而明确词的主题，挖掘词人内心的情感。词的主题体现了词人创作的初衷，也直接反映出了作者的内心情感。赏析一首词，必须把握好词的主题。明确了词的主题，再去品味作者的情感便事半功倍了。

如柳永的《雨霖铃》，是写离别的名篇。要赏析这首词，就要体会作者是如何来写"离别"的。当然，这首词能流传千古，还是因为"多情自古伤离别，更那堪，冷落清秋节。今宵酒醒何处? 杨柳岸，晓风残月。"这一千古名句。柳永一生仕途不畅，政治上的失意，使得他寄情于唱词吟酒，而今离别后，连饮酒也只能独自一人，只有晓风残月相伴。

赏析一首词，要先明确它的主题，然后再分析词人是怎样书写这一主题的。从古而今，人们喜欢将词归类，归类的依据也多与词的主题思想有关。比如，赏析一首闺怨词，就可以对比着其他的闺怨词来分析异同、领会其独到之处。王国维在品词时，就常常使用这种对比的方法。

三、品味词的语言，锤炼字词

一首好的词，必有其动人之处。一句话，甚至一个字就能使词的境界提升，流传千古。赏析词，要学会品味名句，琢磨词人用字。

《声声慢》是李清照晚年的名作，历来为人们所称道，尤其是作者那哀婉的凄苦情，不知曾感动过多少人。"寻寻觅觅，冷冷清清，凄凄惨惨戚戚。"起首三句，历来为词评家所称道。七组十四个叠字，看似平平淡淡，实则显示了作者高超的文字功底。十四个字无一愁字，却写得字字含愁，声声是愁，造成了一种如泣如诉的音韵效果。"寻寻觅觅"是作者的动作行为。作者在经受了国破家亡、夫丧、金石丢失等一连串的打击后，内心极为哀愁，为了排解这一哀愁，作者开始了漫无目的的寻觅。寻啊觅啊，想寻些什么呢? 不太清楚，一切都是那么茫然，但茫然的作者只感到四周"冷冷清清"。这是作者的心境使然。常言说"人悲物亦悲"，在一个悲伤凄凉人的眼中，这寻觅的结果给作者最深的感受是"凄凄惨惨戚戚"。它不但没有减轻作者内心的伤痛，反而使其由这清冷之景中更生出一种凄凉、惨淡和悲戚之情。这就为全词定下了一个感情基调，使全词笼罩在一种凄惨愁苦的氛围中。

第二节　基于科学取向教学论的导教案的研究

一、导教案的概念与作用

导教案的使用主体是教师，它是经项目合作组初备人预先设计的，由教师共享式备课集体研究、商讨制定的，以新课程标准为指导、以素质教育要求为目标设计制作的，用于引导学生自主学习、主动参与、合作探究、优化发展的教与学策略的蓝图。它以学生为本，以"学习目标"的达成为出发点和落脚点，遵循学生学习心理规律，是教师引导学生自主学习、合作探究，习得、巩固转化、迁移运用知识的教学策略路线图。

导教案主要改变了教师"教"的方式。让教师在知道"教什么""教到什么程度""如何评"的基础上，触及"如何教""如何用最短的时间教好"等策略问题。让教学真正基于学生学习的心理过程。导教案科学地预设教学环节和策略，规范教学的内容，按照"引起注意与告知目标—提示学生回忆原有知识—呈现有组织的信息—阐明新旧知识关系，促进理解—对复习与记忆提供指导（陈述性知识）—引起反应，提供纠正与反馈（程序性知识）—提供提取知识的线索（陈述性知识）—提供技能应用情境，促进迁移（程序性知识）"的流程提供相应的教学策略，从而使教学成为科学的实践。

二、导教案的编制策略

导教案是指导学生学习的策略。导教案的主要功能是引导学生如何学习，使用主体是教师。编制导教案时不能大量重复导学案上已有的内容。导教案中应主要呈现教学策略、学习时间、学习方式、事实性知识的记忆方法、程序性知识的产生式、答题的规范步骤、规律方法的总结等内容。

导教案的编制策略主要包括以下几个方面：

(1) 关注教学策略

在导教案上，要呈现出"如何教""每个环节用多长时间教""如何要求学生自主、合作和探究学习"等问题的解决方案。

(2) 规范教学过程

根据学生学习的三个阶段和六个心理过程，导教案中要包括如下环节：出示明确、具体、可操作的学习目标；前置补偿；呈现有组织的信息（先行组织者）；阐明新旧知识的联系；对复习与记忆提供指导（陈述性知识）；引起反应，提供纠正与反馈（程序性知识）；提供提取知识的线索（陈述性知识）；提供技能应用情境，促进迁移（程序性知识）。导教案应配合导学案一起使用，帮助学生实现知识的习得、巩固与转化、迁移与应用。

(3) 明确操作流程

编制导教案时，可参照"项目合作组确定—初备人设计导教案—分享给组内其他成员提前浏览思考—共享式备课—讨论完善后定稿—个人二次备课—据班情修改"的流程进行操作。

三、导教案的使用策略

经过共享式备课的导教案是一份优化的教学线路图，再加上各班级任课教师经过二次备课后的修改，更加适合各班级教情和学情。因此，教师要严格按照导教案上设计的教学策略，抓好每一个环节。使用导教案时应注意以下几点：

(1) 引起学生注意与激活学生原有知识

在导教案中，可通过创设"问题情境""艺术情境""视频音频情境""社会情境"等，引起学生对本节课内容的注意；可通过不同字体字色的标识科学地呈现学习目标；也可通过科学设置"前置补偿"，激活学生的原有知识。

(2) 呈现精心组织的新信息

为了实现学生学习的"选择性知觉"和"新信息进入原有的命题网络"这两个心理过程，教师应精心组织和设计连接新知识和旧知识的桥梁。这一策略很关键，是推动学生达成新课目标的重要环节。

（3）提供不同的教学策略

教师应通过导教案对不同类型的知识提供不同的教学策略。在知识巩固与转化阶段，对陈述性知识提供复习与记忆的指导策略，对程序性知识的变式练习提供反馈与纠正。在知识的迁移与应用阶段，对陈述性知识提供提取知识的线索，对程序性知识提供技能应用的新情境。

使用导教案时还应为学生的自主、合作、探究学习以及展示评价提供策略和指导。

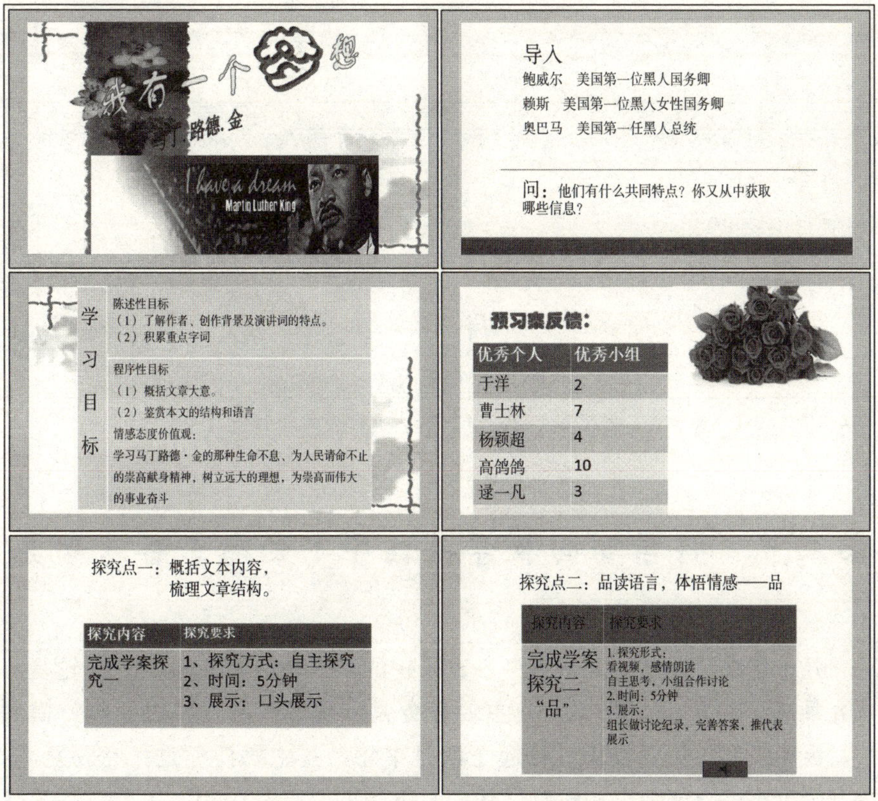

图 5-1　高中语文《我有一个梦想》导教案 PPT（一）

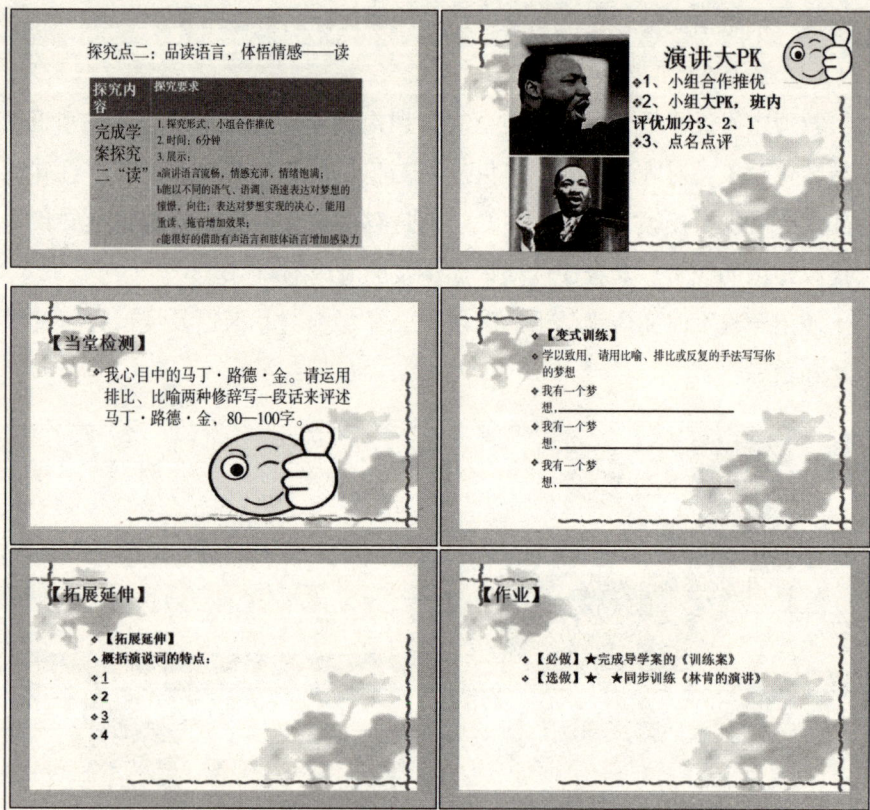

图 5-2　高中语文《我有一个梦想》导教案 PPT（二）

第三节　科学取向教学论指导下的高三备考研究

　　几十年来，高三的复习备考一直采用的是三轮复习的模式。一轮复习从九月起至翌年的二月底，其主要任务是：复习双基，压边压脚，横到边，纵到缘。二轮复习从三月起至四月中旬，其主要任务是：专题复习，提升学生小综合能力。三轮复习从四月下旬起至五月中旬，主要以高考模拟训练的形式培养学生的综合能力。

　　科学取向教学论指导下的高三复习备考却打破了几十年以来的惯例。近几年来，我校遵循现代教育心理学的学习规律、记忆规律和迁移运用规律对高三的复习备考模式进行了大胆的改革，不仅使学生的复习效率有了显著提高，更是不断提升了学生的高考升学成绩。

一、高三单元章节拉网式复习备考策略（俗称一轮复习）

（一）高三单元章节拉网式复习的概念

单元章节拉网式复习是依据对高考考试说明和考题的研究，在对高中各学科教材整合的基础上，侧重对四类知识（事实性知识、概念性知识、程序性知识、反省认知知识）的记忆、巩固与转化，以学科基础知识的点、线、面知识网和学科技能等为重点的复习。复习时间从九月起到翌年的一月底。

（二）高三单元章节拉网式复习的特点

1. 教材的整合

高三单元章节拉网式复习是对基础知识的复习，但绝不是高一、高二基础知识的重复与翻版，是在原有基础之上的新发现。这就需要在复习高一、高二所学知识时合理嵌入高中三年所学的内容，从而实现复习的高效。为达成复习目标，教师必须对高中三年的教材内容进行整合。教材整合的依据是：有利于知识的整体性、系统性；有利于知识的巩固、强化；有利于高考备考取得良好的成效。

2. 单元章节知识的拉网

教师应发挥主导作用，在高考单元章节拉网式复习中实现学生基础知识的网络化构建，使学生掌握的知识"由厚变薄"，进而使其全面把握课本学科知识的整体性、系统性和连贯性。这有利于学生掌握知识点在网络中的相应位置、进行联想记忆、发现问题、提出问题，也有利于深层次拓展学生的知识，从而提高高考复习备考的质量。

3. 规律技巧的归纳总结

高三复习的时间共计八个月，如何在有限的复习时间内提高备考的效率，一直是我们多年研究的课题。研究表明，事实性知识的巧妙记忆、程序性知识的解题技巧、主观题的模板化训练等都是提高备考效果的重要法宝。

（三）高三单元章节拉网式复习的实施程序

1. 知识分类

在科学取向教学论指导下，教师编写复习目标时，应将要复习的内容分为事实性知识、概念性知识、程序性知识和反省认知知识。复习和学习的内容主要属于前三类，教师应将其放置于两维教育目标分类框架中，并据此正确选用有效的教学策略。

2. 高考四要素研究

教师应通过对教材、课标、高考考试说明、高考试题等四要素的研究确定每个单元章节和课时的学习目标，以发挥目标在导备、导教、导学、导测评中的功能，提高复习的针对性和效果。

3. 教学目标

教师应将要复习的知识目标分类之后放置在认知领域两维教育目标分类框架里面（表 5-3）。

表 5-3　认知领域两维教育目标分类框架

知识维度	认知过程维度					
	记忆	理解	运用	分析	评价	创造
A. 事实性知识						
B. 概念性知识						
C. 程序性知识						
D. 反省认知知识						

尤其应该注意的是，事实性知识形不成技能，概念性知识和程序性知识才能形成技能。技能只有通过大量科学的训练才能形成。教学策略的选择应建立在正确的知识分类基础之上，而认知维度的把握和确定必须在认真分析《高考四要素研究成果》之后。

4. 任务分析

教师应对高考的重点、高频考点和能承载规律方法和主干知识的典型例题做好任务分析。即从学习目标出发，用逆推法确定学习必须具备的先决条件是什么。当这样的任务分析完成后，其结果就是这个学习目标中必须学习的内容的蓝图。这就为教师上课采取更科学的教学策略提供了科学依据。任务分析的终点是学生的起点能力。一定的终点学习目标可以分解为一系列使能目标。这些使能目标具有层次性，较低级的使能目标被掌握以后，较高级的目标才能被达成，直至最终学习目标被掌握。

5. 课型选择

经过前面的备课过程，教师应确定好相应复习单元具体实施的课型。主要包括自主课、复习课、讲评课和补丁课。项目合作组的主备人要精心准备共享式备课的材料，为相应复习单元的具体复习的实施提供成型的资料。

6. 共享式备课

经过前面的准备和梳理，教师应在项目合作组的总体计划下，在主备人提前精心准备的前提下实施共享式备课，着重按照"SCE 项目教学系统"中"基于课程整合的单元章节共享式备课""基于综合复习课的共享式备课""基于讲评课的共享式备课"和"基于组题的共享式备课"中的操作策略，大胆实践并加以创新。

7. 复习实施

（1）自主课

对一些简单的知识点和基本技能的复习，教师应以"知识清单"和"自测题"的形式在导学案或导教案上呈现给学生，提出明确的学习要求，由学生自主完成。

（2）复习课

对于高频考点和重点的主干知识，教师应按照"导入—梳理—典例—练习—总结"的流程具体实施复习。导入时，主要借助励志诵读、高考四要素成果展示来引起学生的注意并告知目标。梳理的内容重点有三项：一是梳理基本知识；二是梳理基本知识在高考中以什么样的形式去考；三是梳理高考考查这些知识的方法和规律。讲解典型例题时，要按照"读懂题意—分析设问—提取有效信息—找准切入点—规范解题步骤—总结规律方法"的流程进行指导，并在此环节尽量使更多的学生对运用知识解决问题形成"产生式"。之后，通过练习进一步提升学生牢固掌握知识、熟练分析并解决问题的能力，直至学生形成"产生式系统"。

（3）讲评课

教师对每个复习单元的单元检测都要实施高效讲评。按照"信息搜集—考情点评—反思互纠—共性总结—变式训练—整理满分卷"的流程来实施。课前准备时，应批阅试卷，全面搜集答题信息，客观分析学生的答题情况；要进行错题归类和原因分析，归纳总结学生测试中的共性问题。课堂教学时，首先应对试卷及答题情况进行点评，有针对性地对重点错题涉及的知识进行补偿性复习。其次，在学生自主和合作环节，先引导学生自查自纠、小组合作互查互纠解决悬而未决的问题，再引导学生展示纠错成果，同时要求学生阐述自己对疑难的或未能解决好的问题的思维过程。再次，进行点拨，对错题总结归类；最后，通过变式训练巩固成果。课后巩固时，可进行错题整理（或完成满分卷）并要求学生做好考试分析。

（4）补丁课

一个复习单元结束后，教师应根据学生出现的共性问题进行一次集中性的查缺补漏，及时矫正复习中出现的偏差，帮助学生完成对这个单元的复习。

补丁课的课前准备工作主要包括以下几个方面：个人备课，项目合作（通过多种方式查找共性问题和复习中的薄弱环节，梳理教师和学生课后反思中记录的问题，归纳分类平时训练中学生出现较多的题目，批阅学生的错题本，组织学生自查问题并征集易错点）；共享式备课（集体研讨学生的共性问题，制定补救的措施，编制导学案）；批阅导学案补偿性复习的部分。

上课时，教师先出示学习目标，总结评价学生导学案自主补偿性复习的完成情况，然后分析重点问题，进行补偿性复习。学生完成课后训练案后教师应及时进行批阅。

8. 达标练习

每个复习单元复习结束后，教师要科学设置密度和节奏合理的达标练习，灵活运用"渐退练习""过度练习""间隔练习"和"变式练习"，并及时对学生的练习情况进行反馈，真正使学生技能达到熟练程度或自动化程度，并能在特定情境下熟练应用。

附导学案案例：高中生物

学案07	生物单元章节拉网复习：光合作用、从化学能到生物能		
	课标	考纲要求	考点
高考要素研究	1. 说明光合作用及对它的认识过程。 2. 研究影响光合作用速率的环境因素。 3. 探明呼吸作用，探讨其原理的应用。 知识纬度： 概念性知识：1、3 事实性知识：2	1. 光合作用的基本过程（Ⅱ） 2. 影响光合作用速率的环境因素（Ⅱ） 3. 细胞呼吸及其原理的应用（Ⅱ） 4. 探究酵母菌的呼吸方式（Ⅰ） 能力层次 记忆：1、2、3、4	1. 光合作用的过程。 2. 色素的提取分离。 3. 影响光合作用的因素。 4. 光合呼吸综合考察。 5. 有氧、无氧呼吸过程反应式。 6. 有氧呼吸和无氧呼吸的比较。 7. 呼吸光合综合考察。

(2016)30.（8分）为了探究生长条件对植物光合作用的影响，某研究小组将某品种植物的盆栽苗分成甲、乙两组，置于人工气候室中，甲组模拟自然光照，乙组提供低光照，其他培养条件相同。培养较长一段时间（T）后，测定两组植株叶片随光照强度变化的光合作用强度（即单位时间、单位面积吸收 CO_2 的量），光合作用强度随光照强度的变化趋势如图所示。

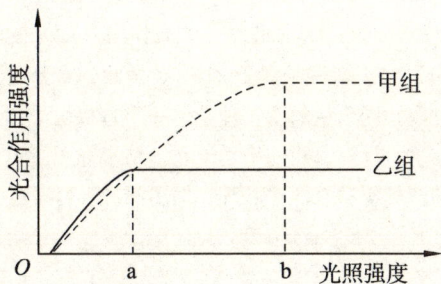

时时结合高考，通过高考题明确目标考点的考察方式。

回答下列问题：

(1) 据图判断，光照强度低于 a 时，影响甲组植物光合作用的限制因子是_____。

(2) b 光照强度下，要使甲组的光合作用强度升高，可以考虑的措施是提高_____（填"CO_2 浓度"或"O_2 浓度"）。

(3) 播种乙组植株产生的种子，得到盆栽苗按照甲的条件培养 T 时间后，再测定植株叶片随光照强度变化的光合作用强度，得到曲线与甲组相同，根据这一结果能够得到初步结论是_____。

(2015)29.（9分）为了探究不同光照处理对植物光合作用的影响，科学家以生长状态相同的某种植物为材料设计了 A、B、C、D 四组实验。各组实验的温度、光照强度和 CO_2 浓度等条件相同、适宜且稳定，每组处理的总时间均为 135 s，处理结束时测定各组材料中光合作用产物的含量。处理方法和实验结果如下：

A组：先光照后黑暗，时间各为 67.5 s；光合作用产物的相对含量为 50%。

B组：先光照后黑暗，光照和黑暗交替处理，每次光照和黑暗时间各为 7.5 s；光合作用产物的相对含量为 70%。

C组：先光照后黑暗，光照和黑暗交替处理，每次光照和黑暗时间各为 3.75 ms（毫秒）；光合作用产物的相对含量为 94%。

D组（对照组）：光照时间为 135 s；光合作用产物的相对含量为 100%。

回答下列问题：

(1) 单位光照时间内，C 组植物合成有机物的量_____（填"高于"、"等于"或"低于"）D 组植物合成有机物的量，依据是_____；C 组和 D 组的实验结果可表明光合作用中有些反应不需要，这些反应发生的部位是叶绿体的_____。

(2) A、B、C 三组处理相比，随着_____的增加，使光下产生的能够及时利用与及时再生，从而提高了光合作用中 CO_2 的同化量。

(2012) 29.（11 分）将玉米种子置于 25 ℃、黑暗、水分适宜的条件下萌发，每天定时取相同数量的萌发种子，一半直接烘干称重，另一半切取胚乳烘干称重，计算每粒的平均干重，结果如图所示，若只考虑种子萌发所需的营养物质来源于胚乳，据图回答下列问题。

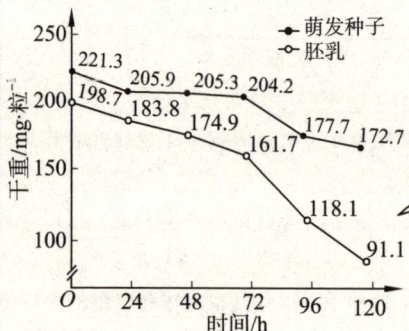

进一步对复习目标进行分类，使学生从不同角度记忆、理解、掌握有关知识。

(1) 萌发过程中胚乳组织中的淀粉被水解成_____，通过_____作用为种子萌发提供能量。

(2) 萌发过程中在_____小时之间种子的呼吸速率最大，在该时间段内每粒种子呼吸消耗的平均干重为_____mg。

(3) 萌发过程中胚乳的部分营养物质转化成幼苗的组成物质，其最大转化速率为_____$mg \cdot 粒^{-1} \cdot d^{-1}$。

(4) 若保持实验条件不变，120 小时后萌发种子的干重变化趋势是_____，原因是_____。

(2013) 3. 下列与微生物呼吸有关的叙述，错误的是（ ）

    A. 肺炎双球菌无线粒体，但能进行有氧呼吸。

    B. 与细菌呼吸有关的酶由拟核中的基因编码合成。

通过对高考题和考点的分析，预测考察方向，使学生有的放矢。

高考回放

C. 破伤风芽孢杆菌适宜生活在有氧的环境中。

D. 有氧和无氧时，酵母菌呼吸作用产物不同。

高考预测及建议	预测： 1. 呼吸与光合的结合　2. 提高粮食产量的具体措施　3. 呼吸熵的测定及实验设计　4. 黑白瓶、半叶法问题 建议： 1. 加强对实验两个原理和实验结果的掌握　2. 强化对光合作用过程涉及的能量变化、物质变化的分析及影响因素的作用机理的掌握 3. 适当补充水培法的相关知识、果实及种子形成过程中相关物质的转化及激素含量的变化

复习目标：

【事实性知识】画出光合作用、呼吸作用的过程图解。

【概念性知识】理解光合作用、有氧呼吸、无氧呼吸的概念。

【程序性知识】1. 分析光照强度、二氧化碳浓度与光合作用关系曲线。

2. 分析光合呼吸曲线变化，解释生产实践问题。

构建知识网络

【基础知识梳理】

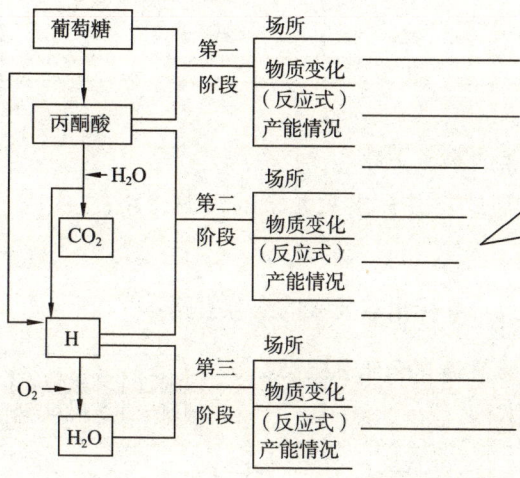

细致的知识梳理，既有利于学生掌握知识之间的联系，又可以避免学生对课本知识照抄照搬。使学生由点串成线，为本章节知识网络的构建做好铺垫。

光反应
- 条件：_____
- 场所：_____
- 物质变化：
  - H_2O → _____
  - $ADP+Pi$ → _____
- 能量变化：光能 → _____

暗反应
- 条件：_____
- 场所：_____
- 物质变化：
  - CO_2 → _____
  - ATP → $ADP+Pi$
- 能量变化：中活跃的化学能 → _____

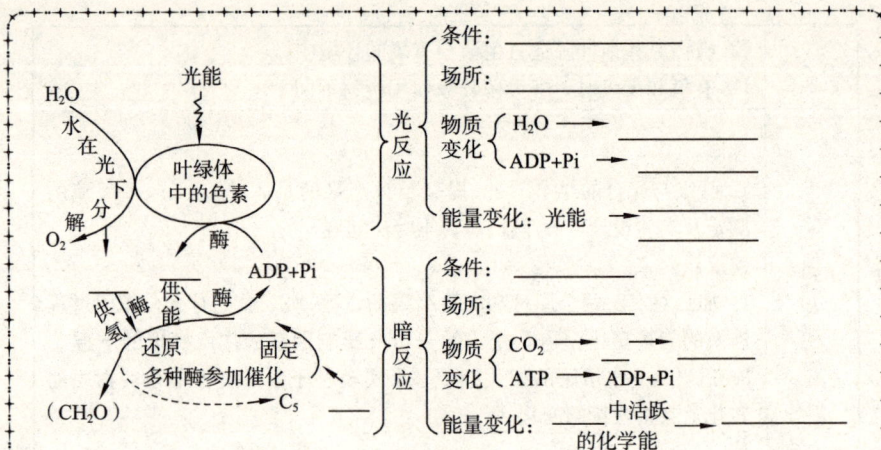

课堂考点突破

（考点一）光合作用和呼吸作用过程

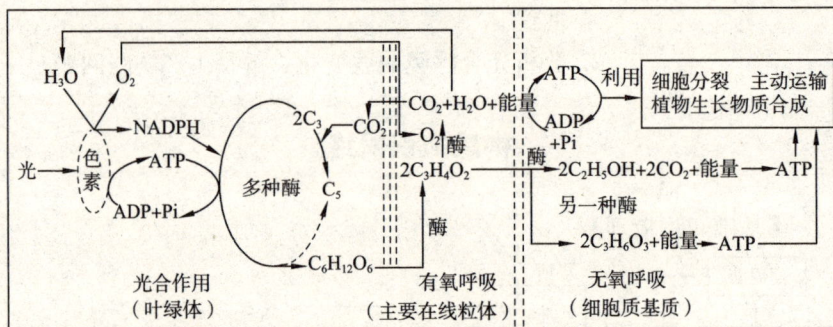

光合作用（叶绿体）　有氧呼吸（主要在线粒体）　无氧呼吸（细胞质基质）

【知识必备】

1. 从反应式上追踪元素的来龙去脉

① 写出光合作用总反应式，并标出氧元素的来源去路：

② 写出有氧呼吸反应式，并标出氧元素的来源去路：

2. 从具体过程中寻找物质循环和能量流动

① 物质循环：（反复循环）

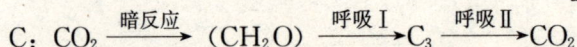

> 通过【知识必备】进一步掌握知识。

$$C：CO_2 \xrightarrow{\text{暗反应}} (CH_2O) \xrightarrow{\text{呼吸I}} C_3 \xrightarrow{\text{呼吸II}} CO_2$$

$$O: H_2O \xrightarrow{\text{光反应}} O_2 \xrightarrow{\text{呼吸Ⅲ}} H_2O$$

$$H: H_2O \xrightarrow{\text{光反应}} [H] \xrightarrow{\text{暗反应}} (CH_2O) \xrightarrow{\text{呼吸Ⅰ、Ⅱ}} [H]$$

$$H_2O \xleftarrow{\text{呼吸Ⅲ}}$$

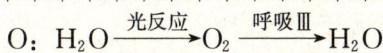

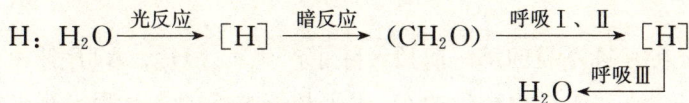

② 能量流动（单向、递减）：

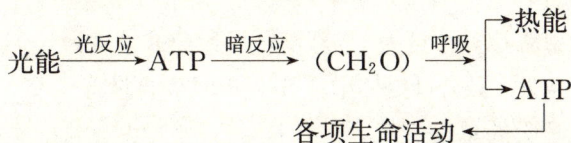

$$光能 \xrightarrow{\text{光反应}} ATP \xrightarrow{\text{暗反应}} (CH_2O) \xrightarrow{\text{呼吸}} \begin{array}{l} 热能 \\ ATP \end{array}$$

$$各项生命活动 \longleftarrow$$

【典型例题 1】如果将一株绿色植物栽培在含 $H_2{}^{18}O$ 的完全培养液中，给予充足的光照，经过较长时间后，可发现 ^{18}O 存在于下列哪一组物质中？

> 【典例】综合考察光合和呼吸的过程。

① 周围空气的氧气中　② 周围空气的二氧化碳中　③ 周围空气的水分子中　④ 光合作用生成的葡萄糖中

A. 只有①是正确的　　　　　　　B. 只有①③是正确的

C. 除④之外都正确　　　　　　　D. ①②③④都正确

【规律总结】光合作用和细胞中氧的联系

> 【规律总结】以题目辐射知识规律，使学生掌握解题规律。

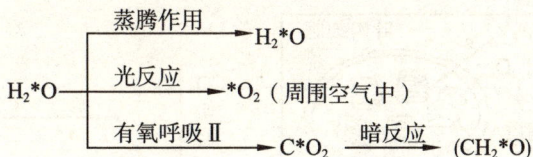

$$H_2{}^*O \begin{cases} \xrightarrow{\text{蒸腾作用}} H_2{}^*O \\ \xrightarrow{\text{光反应}} {}^*O_2（周围空气中） \\ \xrightarrow{\text{有氧呼吸Ⅱ}} C{}^*O_2 \xrightarrow{\text{暗反应}} (CH_2{}^*O) \end{cases}$$

$$ATP + H_2{}^*O \xrightarrow{\text{水解酶}} ADP（含 H_2{}^*O 的氧）+ Pi$$

【变式训练 1】下图表示绿色植物叶肉细胞内发生的光合作用和有氧呼吸的过程，图中 a、b 为光合作用的原料，①－④表示相关过程，据图回答：

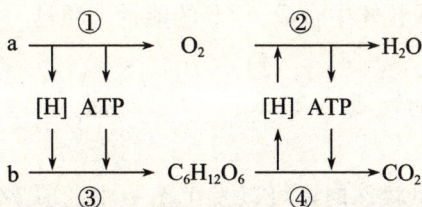

(1) a 代表的物质的名称分别是：_____。

(2) 图中①②③④过程进行的场所分别是_____；_____；

_____；_____。

（3）光合作用过程中［H］来源于①过程中＿＿＿＿＿＿＿，用于③过程＿＿＿＿＿＿。

（4）在有氧呼吸的第一阶段，除了产生了［H］、ATP 外，产物还有＿＿＿＿＿＿。①过程产生的 O_2 用于相邻细胞的②过程，至少经过＿＿＿＿＿＿层膜结构。

（5）若将该植物从 CO_2 浓度为 1％环境转移到 CO_2 浓度为 0.03％的环境中，其他环境条件一致，叶绿体中［H］和 ATP 含量将＿＿＿＿＿＿。

（6）写出有氧呼吸的总反应式：＿＿＿＿＿＿＿＿＿＿＿＿＿＿＿＿＿＿＿＿＿＿＿＿＿＿。

（7）写出该植物无氧呼吸反式：＿＿＿＿＿＿＿＿＿＿＿＿＿＿＿＿＿＿＿＿＿＿＿＿＿＿＿。

【典型例题 2】在高等植物细胞中，线粒体和叶绿体是能量转换的重要细胞器。图二表示光照强度对植物 CO_2 吸收量的影响，请据图回答以下问题：

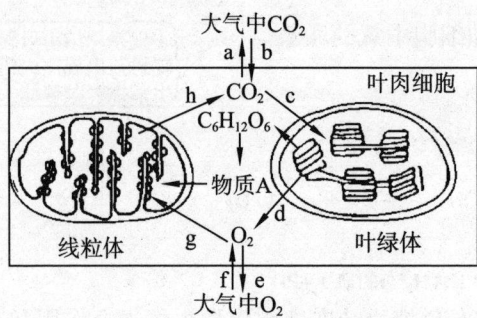
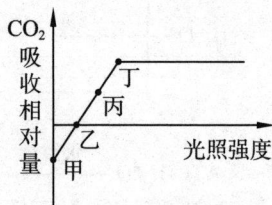

图一　　　　　　　　　　　　　　图二

（1）叶绿体中合成 ATP 的能量来源是＿＿＿＿＿＿＿，合成的 ATP 用于＿＿＿＿＿＿，线粒体中合成 ATP 的能量来源是＿＿＿＿＿＿，ATP 的合成用于＿＿＿＿＿＿。

（2）图一中的物质 A 是＿＿＿＿＿＿，物质 A 进入线粒体的条件是＿＿＿＿＿＿＿。

（3）在图二甲状态时，可以发生图一中的哪些过程？＿＿＿＿＿＿（用图中字母表示），影响甲点上下移动的主要外界因素是＿＿＿＿＿＿。

（4）若外部因素适宜，图二中丁点时限制光合作用的内部因素最可能是＿＿＿＿＿＿，在乙点所处的状态时，叶绿体内 ATP 移动的方向是_____。

（5）如果在图二的乙点突然停止光照，叶绿体内 C_3 化合物的含量_____。

（6）将提取的完整线粒体和叶绿体悬浮液，分别加入盛有丙酮酸溶液和 $NaHCO_3$ 溶液的两支大小相同的试管中，给予充足光照，都会产生气泡，请问这两种气泡成分是否一样？请解释原因。

_____

如果将两试管移到黑暗环境中，温度保持不变，则两支试管产生气泡的量分别有什么变化？为什么？_____

_____。

【变式训练2】 下图甲表示某种植物光合作用强度与光照强度的关系，图乙表示该植物叶肉细胞的部分结构（图中 m 和 n 代表两种气体的体积），下列说法正确的是（　　）。（注：不考虑无氧呼吸）

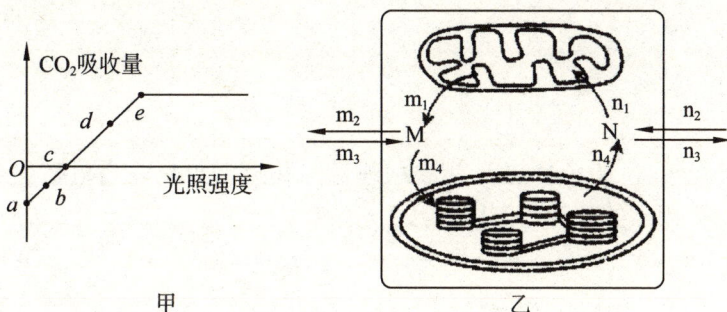

甲　　　　　　　　乙

A. 甲图中的纵坐标数值即为乙图中的 m_4

B. 甲图中 a、b、c、d、e 任意一点，乙图中都有 $m_1 = n_1 > 0$，$m_2 = n_2 > 0$

C. 甲图中 e 点以后，乙图中 n_4 不再增加，其主要原因是 m_1 值太低

D. 甲图中 c 点时，乙图中有 $m_1 = n_1 = m_4 = n_4$

（考点二）光合作用和呼吸作用曲线分析

【前置补偿】 完成下列坐标曲线图并思考下列问题。

> 通过学生自己制图提高学生知识综合应用的能力。

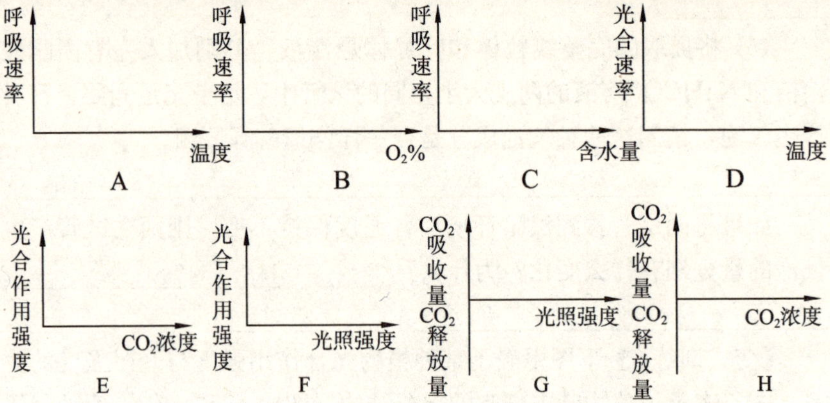

（1）粮油种子的贮藏和果实蔬菜的保鲜分别要求的环境是什么？

> 总结规律，紧扣高考。

（2）在 G 图中标出光补偿点和光饱和点的位置。当植物少量缺 Mg 时，两点的位置如何移动？

（3）在 H 图中标出 CO_2 的补偿点和饱和点。在农业生产中，如何增大 CO_2 浓度以提高光合速率？

【典型例题 3】

夏季晴朗的一天，甲乙两株同种植物在相同条件下 CO_2 吸收速率的变化如下图所示。下列说法正确的是（　　）。

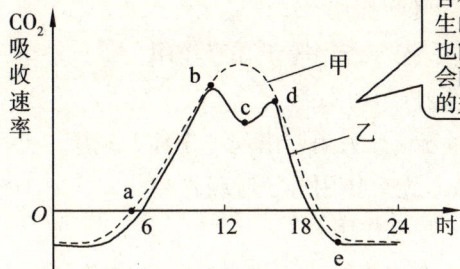

光合和呼吸曲线的综合考查，既能锻炼学生的综合运用能力，也能使学生很好的体会两者之间密不可分的关系。

A. 甲植株在 a 点开始进行光合作用

B. 乙植株在 e 点有机物积累量最多

C. 曲线 b—c 段和 d—e 段下降的原因相同

D. 两曲线 b—d 段不同的原因可能是甲植株气孔无法关闭

【典型例题 4】

在天气晴朗的夏季，将用全营养素液培养的植株放入密闭的玻璃罩内放在室外进行培养。每隔一段时间用 CO_2 浓度检测仪测定玻璃罩内 CO_2 浓度，绘制成图所示曲线（水平虚线表示实验开始时玻璃罩内 CO_2 浓度）。据图得出的判断不正确的是（　）。

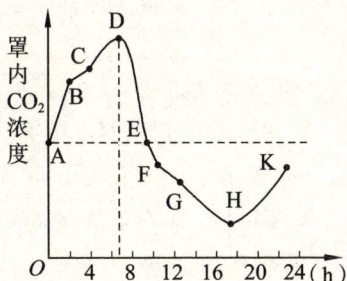

A. D 点和 H 点表示光合速率等于呼吸速率

B. BC 段和 AB 段曲线斜率差异可能主要是温度造成的

C. 光合速率最大值可能出现在 H 点

D. 呼吸速率最小值可能出现在 B 点

【规律总结】

1. 夏季一昼夜二氧化碳吸收和释放变化曲线分析

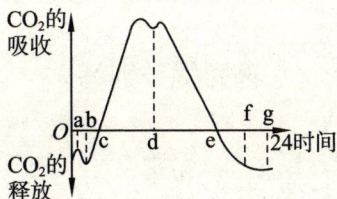

a点：凌晨 2—4 时，温度降低，呼吸作用减弱，CO_2 释放减少。

b 点：有微弱光照，植物开始进行光合作用。

bc 段：光合作用小于呼吸作用。

c 点：上午 7 时左右，光合作用等于呼吸作用。

ce 段：光合作用大于呼吸作用。

d 点：温度过高，部分气孔关闭，出现"午休"现象。

e 点：下午 6 时左右，光合作用等于呼吸作用。

ef 段：光合作用小于呼吸作用。

fg 段：没有光照，光合作用停止，只进行呼吸作用。

2. 密闭玻璃罩内 CO_2 浓度与时间的关系曲线分析

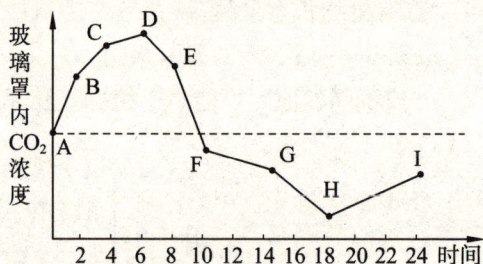

AB 段：无光照，植物只进行呼吸作用。

BC 段：温度降低，呼吸作用减弱。

CD 段：4 时后，微弱光照，开始进行光合作用，但光合作用强度＜呼吸作用强度。

D 段：随光照增强，光合作用强度＝呼吸作用强度。

DH 段：光合作用强度＞呼吸作用强度。其中 FG 段表示"光合午休"现象。

H 点：随光照减弱，光合作用强度下降，光合作用强度＝呼吸作用强度。

HI 段：光照继续减弱，光合作用强度＜呼吸作用强度，直至光合作用完全停止。

巩固提升训练

1. 棉花是关系国计民生的战略物资，也是仅次于粮食的第二大农作物，科研人员利用棉花植株进行了不同实验，请分析回答：

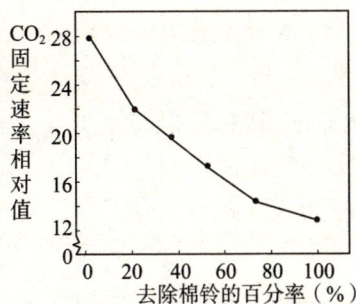

图一

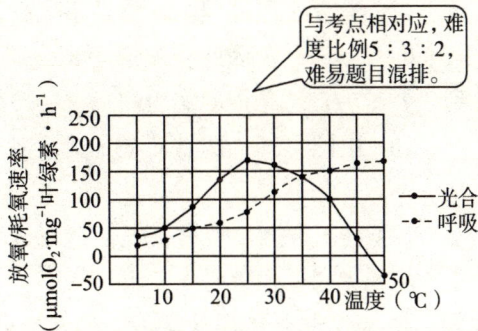

图二

与考点相对应，难度比例5：3：2，难易题目混排。

（1）图一为选取至少具有 15 个棉铃（果实）的植株，去除不同比例的棉铃，进行研究棉花去铃后对叶片光合作用的影响。分析可知，叶片光合速率大小与棉铃数量呈_____（填"正"或"负"）相关，其中对照组棉花植株的 CO_2 固定速率相对值是_____。

（2）图二为在适宜光照强度条件下，棉花光合速率和呼吸速率随温度变化的曲线。温度主要是通过影响_____来影响棉花光合速率和呼吸速率。

（3）图二中，30 ℃时棉花净光合速率是_____ $\mu mol\ O_2 \cdot mg^{-1}$ 叶绿素·h^{-1}，棉花光合作用生产量最大时的温度是_____。

2. 绿藻和硅藻是湖泊中常见的藻类，pH 是影响淡水藻类生长的重要环境因素。某研究小组探究不同 pH（6.0、6.5、7.0、7.5、8.0、8.5、9.0）对两种藻类光合速率的影响，实验结果如图所示。

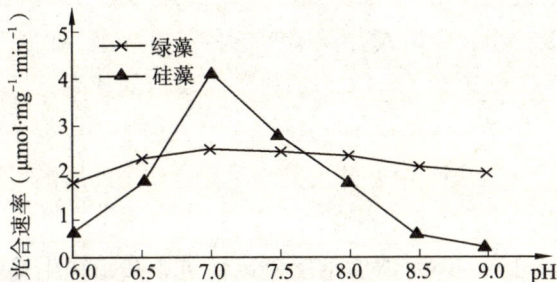

回答下列问题：

（1）为计算图中各组的光合速率，应先将各组在黑暗中放置一段时间，测定各组单位时间内氧气的_____。随后置于适宜光照下一段时间后，再测定各组净光合速率。

（2）黑暗处理过程中，藻液 pH 有所变化，其原因是_____ _____。因此在测定净光合速率前，需将各组 pH 分别调整到_____，这是控制实验的_____变量。

（3）由图可知，两种藻类的光合速率受 pH 影响较小的是_____ _____。

（4）据图推测，若硅藻长时间处于 pH 为 9.0 条件下时，将不能正常生长繁殖，原因是_____。

3. 为探究大气 CO_2 浓度上升及紫外线（UV）辐射强度增加对农业生产的影响，研究人员人工模拟一定量的 UV 辐射和加倍的 CO_2 浓度处理番茄幼苗，直至果实成熟，测定了番茄株高及光合作用相关生理指标，结果见下表，请分析回答：

分组及实验处理		株高（cm）			叶绿素含量 $(mg \cdot g^{-1})$			光合速率 $(\mu mol \cdot m^{-2} \cdot s^{-1})$
		15 天	30 天	45 天	15 天	30 天	45 天	
A	对照（自然条件）	21.5	35.2	54.5	1.65	2.0	2.0	8.86
B	UV 照射	21.1	31.6	48.3	1.5	1.8	1.8	6.52
C	CO_2 浓度倍增	21.9	38.3	61.2	1.75	2.4	2.45	14.28
D	UV 照射和 CO_2 浓度倍增	21.5	35.9	55.7	1.55	1.95	2.25	9.02

（1）植物光合作用中，CO_2 在_____中与 C_5 结合，形成 C_3。

（2）据表分析，C 组光合速率明显高于对照组，其原因一方面是由于_____，加快了暗反应的速率；另一方面是由于_____含量增加，使光反应速率也加快。D 组光合速率与对照相比_____，说明 CO_2 浓度倍增对光合作用的影响可以_____ UV 辐射增强对光合作用的影响。

（3）由表可知，CO_2 浓度倍增可以促进番茄植株生长。有研究者认为，这可能与 CO_2 参与了植物生长素的合成启动有关。要检验此假设，还需要测定_____组植株中的生长素含量。若检测结果是_____，则支持假设。

4. 如图为菠萝叶肉细胞内的部分代谢示意图。其以气孔白天关闭，晚上开放的特殊方式适应干旱环境。但干旱是否会影响其产量，科研人员实验后得出下表相关数据。据图和表格回答下列问题：

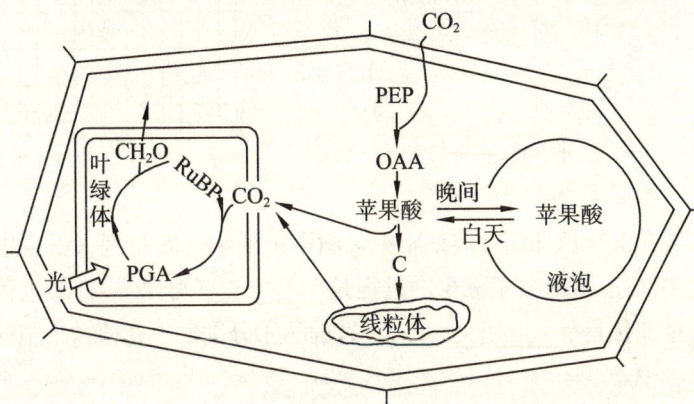

处理＼指标	土壤含水量/%	叶长度/cm	叶宽度/cm	叶绿素含量 / （mg·g^{-1}）
X	25	42.8	3.3	0.78
轻度缺水	13	38.2	3.1	0.63
重度缺水	6	38.1	3.1	0.52

（1）如图，PEP、OAA、RuBP、PGA、C 为相关物质，能参与 CO_2 固定的有_____，推测 C 是_____。

（2）干旱条件下菠萝细胞白天产生 CO_2 的具体部位是_____和_____。

（3）干旱条件下菠萝细胞夜间 pH 下降，原因是_____（写两点）。

（4）表中 X 起_____作用。据表分析，菠萝在干旱环境条件下，产量会_____，原因是_____。

5. 光合作用与细胞呼吸是植物体的两项重要的生理活动，图甲表示玉米植株的光合作用与细胞呼吸两者之间的关系。图乙表示在光照充足、CO_2 浓度适宜的条件下，温度对某植物光合速率和呼吸速率的影响，图中实线表示实际光合速率，虚线表示呼吸速率。据图分析回答下列问题：

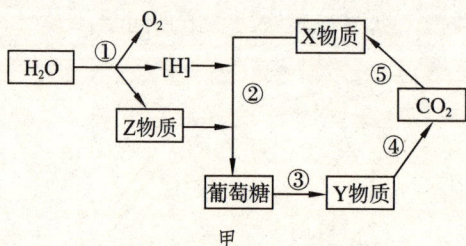

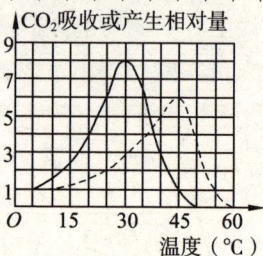

甲　　　　　　　　　　　　乙

（1）在玉米植株的叶肉细胞中，图甲中的①～⑤过程（仅考虑有氧条件）中能使 ADP 含量减少的过程是_____（写序号），②过程中发生的能量变化是_____，过程③④分别发生在植物细胞的_____中。

（2）长期水淹，玉米植株会烂根，此时玉米植株根尖细胞中会发生图甲①～⑤过程中的_____（写序号），发生在细胞的_____中。

（3）分析图乙可知，光合作用、细胞呼吸都受温度的影响，其中_____对温度更敏感。温度是通过影响_____来影响光合作用、细胞呼吸的。在 50 ℃时，实际光合速率为 0 的原因是_____

_____。

（4）若昼夜不停地光照，图乙植物生长的最适温度约是_____；若温度保持在 25 ℃的条件下，长时间每天交替进行 12 h 光照、12 h 黑暗，该植物_____（填"能"或"不能"）正常生长。

6. 下图是有关棉花成熟绿叶组织的相关图解，其中图 1 是叶肉细胞的光合作用过程图解；图 2 表示某光照强度和适宜温度下，光合作用强度增长率随 CO_2 浓度变化的情况。请回答下列问题：

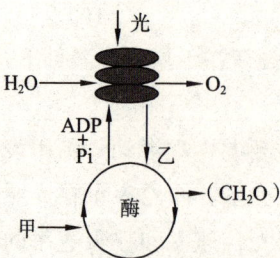

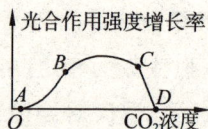

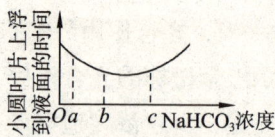

图 1　　　　　　图 2　　　　　　图 3

（1）由图 1 可知，甲、乙分别代表的物质是_____、

_____，要想使叶绿体内 C_3 的含量快速下降，可以改变的环境条件是_____，光反应中发生的能量变化是_____。

（2）图 2 中限制 D 点光合速率的主要环境因素是_____，C 点和 D 点相比，叶绿体中［H］的含量_____（填"较低"、"相等"或"较高"）。

（3）从生长状况相同的棉花叶片上剪出大小、部位相同的若干圆叶片，抽取叶片细胞间隙内的气体，平均分成若干份，然后，置于不同浓度的 $NaHCO_3$ 溶液中，给予相同的、一定强度的光照和适宜的温度，测量圆叶片上浮至液面所需时间，其记录结果绘制成曲线如图 3 所示。

① 该实验的目的是：_____。
② 从图解分析，b 点比 a 点细胞内的 C_5 含量_____，bc 段曲线平缓的限制因素可能是_____，而 c 点以后曲线上升，其原因应该是_____。

参考答案

【基础知识自主梳理】
① 细胞质基质

② $C_6H_{12}O_6 \xrightarrow{酶} 2$ 丙酮酸＋4［H］

③ 少量能量

④ 线粒体基质

⑤ 2 丙酮酸＋$6H_2O \xrightarrow{酶} 6CO_2 + 2O$［H］

⑥ 少量能量

⑦ 线粒体内膜

⑧ 24［H］$+6O_2 \longrightarrow 12H_2O$＋能量

⑨ 大量能量

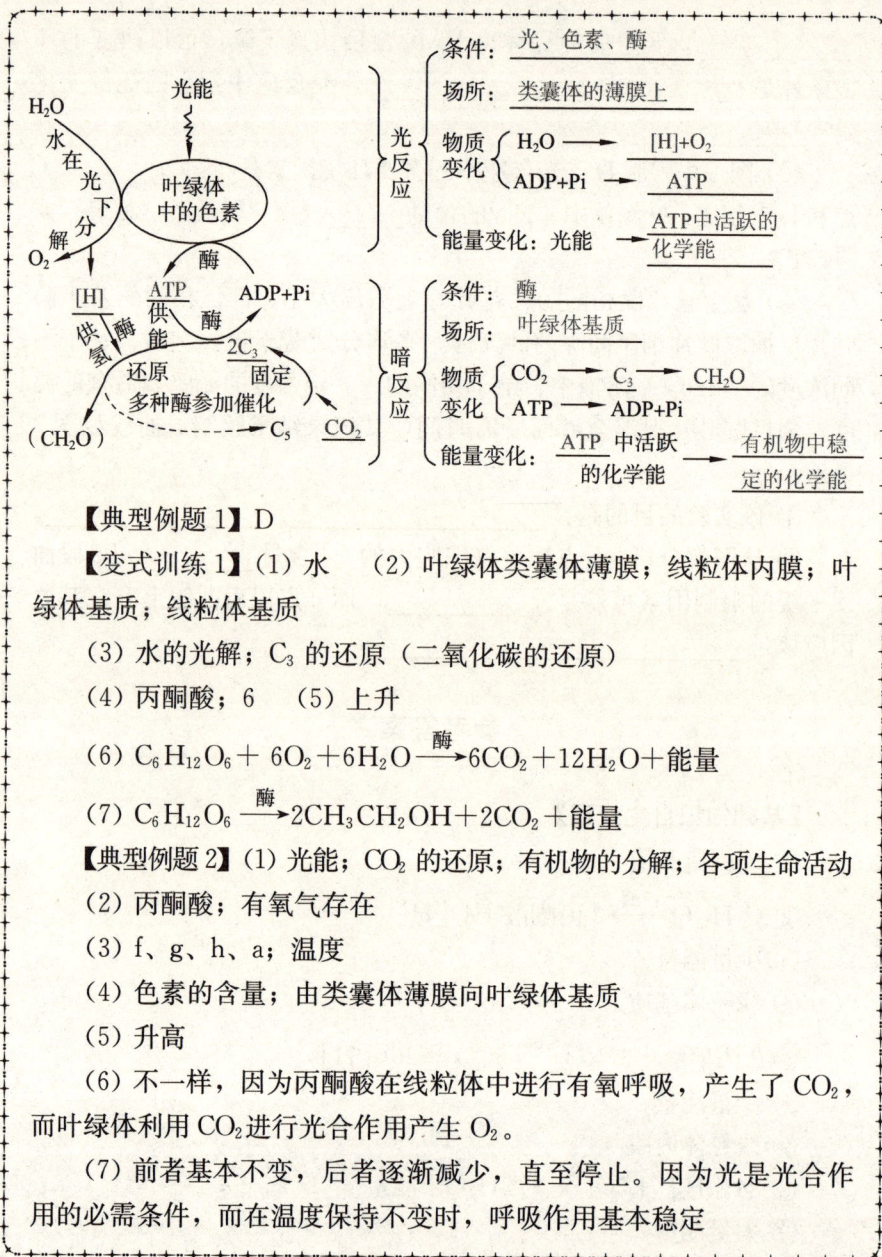

【典型例题1】D

【变式训练1】（1）水　　（2）叶绿体类囊体薄膜；线粒体内膜；叶绿体基质；线粒体基质

（3）水的光解；C_3 的还原（二氧化碳的还原）

（4）丙酮酸；6　　（5）上升

（6）$C_6H_{12}O_6 + 6O_2 + 6H_2O \xrightarrow{酶} 6CO_2 + 12H_2O + 能量$

（7）$C_6H_{12}O_6 \xrightarrow{酶} 2CH_3CH_2OH + 2CO_2 + 能量$

【典型例题2】（1）光能；CO_2 的还原；有机物的分解；各项生命活动

（2）丙酮酸；有氧气存在

（3）f、g、h、a；温度

（4）色素的含量；由类囊体薄膜向叶绿体基质

（5）升高

（6）不一样，因为丙酮酸在线粒体中进行有氧呼吸，产生了 CO_2，而叶绿体利用 CO_2 进行光合作用产生 O_2。

（7）前者基本不变，后者逐渐减少，直至停止。因为光是光合作用的必需条件，而在温度保持不变时，呼吸作用基本稳定

【变式训练 2】D

【前置补偿】

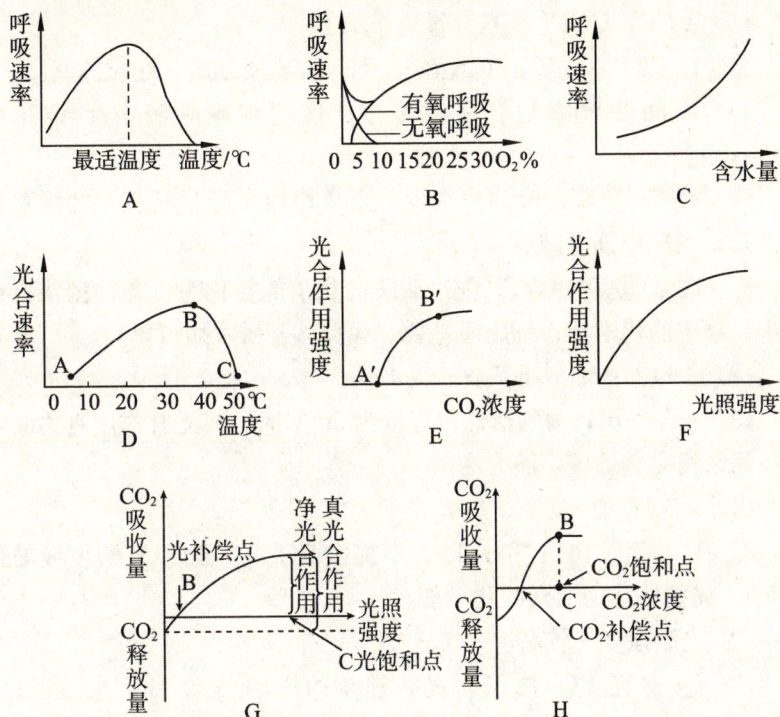

（1）粮油种子的贮藏条件是：低温、低氧、干燥；果实蔬菜保鲜的条件是：低温、低氧、低湿。

（2）见 G 图。少量缺 Mg，B 点向右移，C 点向左移。

（3）见 H 图。"正其行，通其风"；增施农家肥；若是在大棚中还可以用干冰。

【典型例题 3、4】D　C

巩固提升训练

1.（1）正；28　（2）酶的活性　（3）150；35 ℃

2.（1）吸收量

（2）呼吸作用产生的 CO_2 与水结合产生碳酸，使藻液 pH 下降（合理叙述即可）；原设定的 pH（合理叙述即可）；自

（3）绿藻　（4）pH 为 9.0 时硅藻光合速率接近于零，一昼夜有机物积累量为负值（合理叙述即可）

3. （1）叶绿体基质

（2）CO_2 浓度倍增；叶绿素；无显著差异；降低（抵消）

（3）A、C；C组生长素含量高于A组

4. （1）PEP、RuBP；丙酮酸　　（2）细胞质基质；线粒体基质

（3）夜间菠萝细胞合成苹果酸；夜间细胞呼吸产生 CO_2 形成 H_2CO_3

（4）对照；下降；叶面积减少，光合作用实际量较少，叶绿素含量下降，光反应强度减弱

5. （1）①③④；（ATP中）活跃的化学能转化为（葡萄糖或有机物中）稳定的化学能；细胞质基质、线粒体基质（线粒体）

（2）③和④；细胞质基质

（3）光合作用；酶的活性；温度为 50 ℃时，与光合作用有关的酶的空间结构完全被破坏而失活

（4）30 ℃；能

6. （1）CO_2；[H] 和 ATP；不提供 CO_2（降低 CO_2 浓度或增强光照）；光能转化为活跃的化学能

（2）光照强度；较高

（3）① 探究 CO_2 浓度对光合速率的影响　② 低；光照强度；$NaHCO_3$ 浓度太大，导致细胞失水，从而影响细胞代谢

二、高三专题拉网式复习备考策略（俗称二轮复习）

（一）高三专题拉网式复习的概念

依据对高考考试记忆和高考试题的研究，在单元章节拉网式复习对教材进行整合的基础上，根据知识之间的内在联系和高考试题的命题特点组建新的复习专题，并以此进行的专题拉网式复习俗称二轮复习。

通过之前的单元章节拉网式复习，学生已经掌握了单元章节的知识网络，形成了学科技能，并能在一般情景和特定情境下解决问题。但这种能力需要通过专题拉网式复习固化、扩大和提高。

（二）高三专题拉网式复习的特点

1. 专题的精选

专题的选择要注重一个"精"字。专题拉网式复习的专题不是教材原

始的单元章节，而是依据知识之间的内在联系对高考试题的研究，以横向联系为主构建的新的知识专题。因此每个项目合作组的教师都要承担一个完整的专题复习任务（即"复习什么""复习到什么程度""如何复习""如何评价""如何巩固"五个完整的阶段）。

2. 学科知识网的构建

构建学科网要注重一个"综"字。单元章节拉网式复习中构建的网络范围局限在单元章节中，而专题拉网式复习是以精选专题的核心主干知识点为依据进行编制的学科综合网络。

3. 模板化解题

学生习得的知识要想转化为技能，必须形成产生式。学生通过单元章节拉网式复习形成的产生式可经专题拉网式复习进一步转化为模板化的解题步骤，从而达到自动化状态。

（三）高三专题拉网式复习的备考安排

1. 复习时间

从二月中旬到四月中旬（其中要进行两次区级以上的教学质量检测）。

2. 复习目标

精选复习专题，巩固原有的知识命题网络并将其扩展到整个模块乃至跨模块学科大综合网络。在所选专题内总结解题规律、方法和技巧，强化学生已有的产生式，固化学生在特定情境中解决问题的能力，并由此使学生在解决问题方面由"新手"变成"专家"。

（四）高三专题拉网式复习的实施程序

1. 精选专题

专题的选择是提高复习备考效率的关键环节。可以某一类题型为专题、以某个高频主干考点为中心设专题、以模块为专题或以规律性知识为专题来实施专题拉网式复习。

2. 专题共享式备课

专题共享式备课分为两类，一类是基于专题综合复习课的共享式备课，另一类是基于讲评课的共享式备课（详见第一章）。这里重点阐述第一类共享式备课。

（1）导学案（一专题一案）

预习案中的专题复习目标包括：重点体现事实性知识的回忆再现能力；概念性知识的举一反三；程序性知识及规律性知识产生式的自动化；

规律方法的反思总结；近三年全国卷典例回放（除语文、数学外的七科应将近三年全国卷高考题中关于该专题的典例全部呈现）；专题学科知识结构（结构图示可以是成品，也可以是半成品。提倡包含教师智慧经验的半成品，学生可在此基础上进行个性化的修补和完善。此时的知识网络要抓主干知识，大胆舍弃细枝末节。考过的和高频出现的题目一定要有，未出现过的非重点考点要结合现实生活实际灵活选用）；重要规律方法回顾等。

探究案中精选的例题可以是高考题也可以是近期各地市模拟题，对例题的选取要准而精。一般至少选取 2～3 道涉及该专题的高考题或模拟题，并引导学生发现考查规律、进行变式训练，从而使其已形成的产生式得以固化，进而达到自动化。

训练案中的题量要少而精，教师要提前准备好解题的规范步骤。一般情况下，训练案由学生自己学习订正。典型的疑难点和共性的疑惑由教师统一整理。

（2）导教案

编制导教案时，应重点将规律方法、教学策略、规范的解题步骤和答案对比等做在课件上。个性化的修改则可以用实物投影来展示。

3. 专题复习课

专题复习课一般按照"导入复习—典例拉网—查找规律—总结反思—强化训练"的流程进行。导入复习时，可以沿用励志诵读和出示复习目标的形式。典例选择和处理方式与单元章节拉网式复习的要求相同。但在专题拉网式复习时，选择的典型例题必须能体现专题的核心知识点及与之相关的重点考点，并能承载更综合的解题规律和方法。查找规律的环节要设置在高考题讲解中。强化训练时则应分层次设置训练题目，题目不宜过多。要让学生亲自写、亲自算、亲自总结、亲自规范答案，从而使大多数学生的产生式达到自动化。

4. 经典定时训练

定时训练要对所确定的专题内容的重点知识和重点能力进行覆盖，保证应有的覆盖率。题目不宜过多，学生在一节课时长内能够完成即可。若在周末，则最好一小时训练，半小时讲解。同时，教师要注意提高讲课效率，不要题题都讲，不能集中讲解的留给学生自己反思。

5. 批阅试卷

有训练就要有批阅，批阅是掌握学情的重要环节。只做题不批阅会使讲评没有针对性，这是对学生宝贵的复习时间的浪费。

6. 强化满分卷

满分卷未必要做一回测一回，可以通过几次测评将学生们出错率较高的题目集结成册，一周一次或一专题一次进行测试。测试频率不要太高，以防止学生形成应付的心态，达不到预期效果。

7. 师生顿悟总结

教师应引导学生及时总结记忆规律、解题技巧和答题的模板。及时进行总结和归纳的良好习惯能够提升学生的反省认知水平。

（五）专题拉网式复习备考策略

1. 关于课型的选择

在专题拉网式复习中，课型主要包括专题复习课、补丁课、讲评课、训练课等。

2. 关于专题拉网式复习讲评课的注意事项

（1）项目合作是基础

备课组划分为不同的项目合作组。应将备课任务具体分配到各个项目合作组（例如：数学组可分函数项目组、立体几何项目组、数列项目组等；英语组可分为阅读理解项目组、完形填空项目组、改错项目组、作文项目组等）。

（2）错因分析很重要

以学定教，各项目合作组通过定时训练找出学生存在的问题。分析方式可以是巡视、阅卷、分析相关数据、和学生座谈等。其中阅卷是最主要的形式。

（3）巩固训练是关键

根据学生错题中存在的问题，教师所准备的讲评课策略要全面、方法要科学，争取哪里出了问题就在哪里把问题完全解决，并加以巩固，防止出过的问题再次出现。

（4）回扣基础不能忘

讲评课不是就题讲题，而是"以题带知识"。备课时，要在一个"领"字上做文章，引领学生回扣基础，落实基础知识，让错因分析中呈现出的问题得到根本的解决。

（5）得分技巧贯始终

在试卷讲评中，对于得分技巧的指导要贯彻始终。一定要引领学生树立整体意识，要教给学生在有限的时间之内多得分的方法技巧。教师备课时要注意将试卷（定时训练）涉及的每个专题、每一类题目的答题策略和得分技巧总结到位，讲清点透。

（6）二次备课有特色

共享式备课形成的统一意见由主备人整理，形成最佳方案。每位教师在上课前要根据所教学生的实际情况再进行个人二次备课，微调教学策略，达到教师透彻讲解与学生高效学习的完美结合。

三、高三综合能力提升复习备考策略（俗称三轮复习）

（一）高三综合能力提升复习的概念

以提升学生在特定情境下（高考）两类知识的再现或迁移为目的的综合能力提升复习俗称三轮复习。

在单元章节拉网式一轮复习中，学生已经初步形成了单元章节知识网络，形成了学科技能，有了解题的产生式，并能在一般情景中重现事实性知识，迁移规律性知识。通过专题拉网式二轮复习，学生的学科知识网已经得以构建，陈述性知识记忆、过度重现的质量得到强化，程序性知识程式化、模板化训练也有了进一步加强。综合能力提升复习，就是要提高学生在特定情景下（高考模拟状态下）将各类知识快速而准确地再现、运用、并形成自动化的能力。

（二）高三综合能力提升复习的特点

综合能力提升复习的主要特点是定时（等同于高考的科目和考查时间）、定量（训练量等同于高考试题）、定评分标准（参考答案与评分细则等同于高考）。

（三）高三综合能力提升复习的备考安排

1. 复习时间

从4月11日到5月22日（约40天）。

2. 复习目标

一是构建完整的、高质量的、高浓缩的学科知识网；二是提升陈述性知识在特定情景下重现的速度和正确率；三是提升程序性知识（含认知策略）在特定情景下迁移的速度并形成自动化。

（四）高三综合能力提升复习的实施程序

1. 调整课表

5天为一轮。第一天考试，第二、三天教师边阅卷边讲评，并做好满分卷的补偿工作。第四、五天教师完成能力提升复习课或补丁课。同时，学生应反思、解决做题中出现的问题。

表 5-4 综合能力提升复习阶段工作安排表

4月	第一天	11、16、21、26	上午 7：30—9：30 数学；9：50—11：50 英语；下午 2：20—4：50 综合；5：00—5：45 自习；7：20—9：50 语文
	第二天	12、17、22、27	2 天 16 节课、2 个早自习、4 个晚自习、2 个自由自习，分配：语文 2＋1 早；英语 2＋1 早；数学 3＋1 晚；物理（政治）3＋1 晚；化学（历史）2＋1 晚；生物（地理）2＋1 晚
	第三天	13、18、23、28	
	第四天	14、19、24、29	三科综合补丁复习上课＋总结顿悟，三科轮休。分配：早自习；自由自习；周末课表上课
	第五天	15、20、25、30	三科综合补丁复习上课＋总结顿悟，三科轮休。分配：早自习；自由自习；周末课表上课
	五一放假 1 天		
5月	2、3 日临时课表复习		
	4、5 日两天章丘模拟		
	6、7 日讲评阅卷		
	第一天	8、13、18	上午 7：30—9：30 数学；9：50—11：50 英语；下午 2：20—4：50 综合；5：00—5：45 自习；7：20—9：50 语文
	第二天	9、14、19	2 天 16 节课、2 个早自习、4 个晚自习、2 个自由自习，分配：语文 2＋1 早；英语 2＋1 早；数学 3＋1 晚；物理（政治）3＋1 晚；化学（历史）2＋1 晚；生物（地理）2＋1 晚
	第三天	10、15、20	
	第四天	11、16、21	三科综合补丁复习上课＋总结顿悟，三科轮休。分配：早自习；自由自习；周末课表上课
	第五天	12、17、22	三科综合补丁复习上课＋总结顿悟，三科轮休。分配：早自习；自由自习；周末课表上课
	精彩 10 天	23—31 日回归教材	

续表

6月	作息时间调整	1 日放假回家调整
	考前模拟	2、3 日
	高考前指导	4 日
	搬楼	5 日上午
	看考场	6 日
	决战高考	7、8 日

2. 基于组题的共享式备课

在学生模拟考试期间，轮流安排一次共享式备课（基于组题的共享式备课和基于讲评和总结的综合共享式备课）。一是对下次考试试题的筛选和组题，对上次出错较多的和值得强化落实的题目进行组卷，为学生的每一轮次的模考间隙提供做满分卷的素材。二是对上轮次模考中出现较多的问题进行交流和总结，为上好综合能力提升复习阶段的课做好准备。

3. 模拟考试

每轮次的第一天，按照高考的要求（考试科目、考试所需要的时间、考试实施程序等）组织模拟考试，以训练学生在规定的时间内规范书写、迅速解题等综合能力。

4. 批阅试卷

老师按照高考的评分标准和参考答案进行阅卷。批阅时间不超过两天。

5. 综合试卷讲评课

在阅卷的同时，教师要完成模拟卷的讲评工作，不需要面面俱到，而是要精讲，要穿插上专题综合复习课和针对一、二轮复习中仍需强化、仍需建构网络的重点知识内容组织的复习课。选择很重要，保持记忆的温度也很重要。

6. 巩固训练

针对模拟考试中学生暴露的共性问题，任课教师必须有针对性地进行强化性教学，一是对三类知识的再复习、再记忆；二是采用变式训练、巩固性训练、过渡性训练等练习方式进行强化。

7. 做满分卷

即要求学生将错过的题目再做一遍，而且要达到满分的要求。这样做不仅可以增强学生的自信心，还能使学生对修正后的错题进行强化记忆。完成满分卷所需要的时间一般是正式考试时间的四分之一。

8. 总结反思

总结反思是对以下四类知识的总结：一是事实性知识，是记忆还是重现有问题？二是概念性知识，是理解还是运用有问题？三是程序性知识，是运用的范围还是模板化答题有问题？四是反省认知知识，是条件性知识还是组织或精加工知识有问题？总结反思时，教师应引导学生找准问题，出对策略，提高效率。

第六章　"SCE 项目教学系统"中的教师专业发展

笔者从教三十余年，在两个高中学校担任过领导岗位，仰赖教育改革，使百余名教师走出了职业倦怠的泥潭，引领他们走上了教师专业成长之路。如今他们都已成名成家，活跃在章丘教育的舞台上。

第一节　教师专业发展的组织构架

当今社会中，许多教师身上都会出现职业倦怠。教师职业倦怠产生的原因很多，危害也是显而易见。如何帮助他们走出职业倦怠的困境，为教育事业发展做出应有的贡献是每一个有责任感、有使命感的领导者的重大课题。二十多年间，我在两所高中学校从事教育改革，使百余名教师摆脱了职业倦怠的困扰，形成了教师专业发展推进策略。然而，任何一项成功的教学改革，都离不开教师的积极参与，他们积极学习现代教育理论，主动参与学校倡导的教学改革，使学校的整体办学水平得到了空前提高。

我们实践研究的主要理论依据是马斯洛的需要层次理论（见图 6-1）。

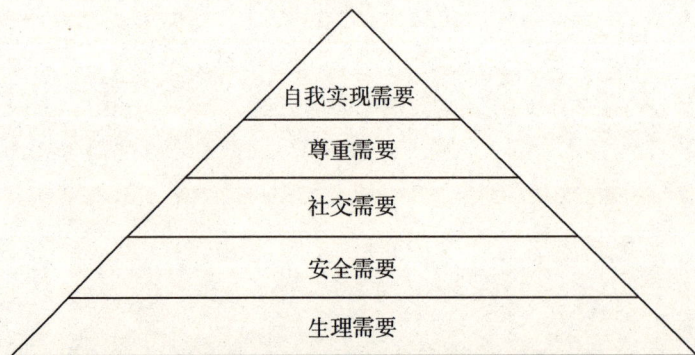

图 6-1　需要层次示意图

1954 年，美国人本主义心理学家马斯洛出版了影响深远的专著《动机与人格》一书，书中提出了上述需要的五个层次：

生理需要，如对于衣、食、住等人类维持自身生存的最基本要素的需要。

安全需要，如对于稳定、安全、受保护等的需要。

社交需要，如对于归属感和爱的需要，需要朋友、爱人，渴望在团体中与同事间有深厚的关系等。

尊重的需要，如希望有实力，有成就，有信心，有威信，受到赏识，得到尊重和获得感。

自我实现的需要，指实现个人理想、抱负，发挥个人能力到最大程度，完成与自己的能力相称的一切事情的需要。马斯洛于二十世纪八十年代又添加了两类需要：求知与求美的需要。

需要层次理论是解释动机的重要理论，这一理论提出了个体成长的动机。而动机是由多种不同层次与性质的需要所组成的，各种需要间有高低层次与顺序之分。一般来说，只有在较低层次的需要得到满足之后，较高层次的需要才会有足够的压力来驱动行为。每个层次的需要与满足的程度，将决定个体的人格发展境界。

以上五种需要，前四种是缺失性的。缺失性的需要起源于实际的个体感知到的环境和个体自我的缺失。个体会努力从环境中寻求能使需要满足的东西，无论是物质的、人际关系的还是精神的。这些需要的满足完全依赖于外界。而第五种需要（包括求知与求美的需要）则是成长性的。成长是达成自我实现的过程，成长性动机就是被自我是实现的趋向所激发的动机。

基于上述理论，教师管理就是不断满足教师的缺失性需求，让他们产生归属感；并在一次又一次的活动中，点燃教师的激情，进而使他们拥有成就感和幸福感，实现人生最高追求。

一、制定发展目标，实现目标激励

目标是一个单位或一个人前进的方向，有了方向就有了前进的动力。目标能激励人们为之坚韧不拔，是能驱使人生不断向前迈进的原动力。

哈佛大学有一个十分著名的关于目标对人生影响的跟踪调查。调查对象是智力水平和学历环境等条件都差不多的年轻人。调查结果发现，其中

27％的人没有目标，60％的人目标模糊，10％的人有清晰的但比较短期的目标，3％的人有清晰的且长期的目标。占3％的这部分人，25年来几乎都不需要变更自我的人生目标，一直在朝着一个方向不懈努力。25年后，他们几乎都成了社会各界的顶尖成功人士，且其中不乏白手起家的创业者。占10％的这部分人，大都生活在社会的中上层。他们的共同特点是短期目标不断达成，生活状态稳步上升，是各行各业中不可或缺的专业人士，如医生、教师、工程师等。占60％的这部分人，几乎都生活在社会的中下层，他们能安稳地生活和工作，但都没有什么个性的成绩。而占27％的这部分人，几乎都生活在社会最底层，他们的生活都不太如意，常常失业，靠社会救济，并且常常抱怨他人，抱怨社会。这项调查得出的结论是：目标对人生有巨大的导向性和激励性作用。

制定教师专业发展目标时应注意以下几点：一是学校必须有清晰的教师专业发展目标；二是各位教师也要有清晰的专业发展目标。尤其是工作8年以上的教师，更应该结合自身客观实际，制定具体的、可达成性强的目标。研究表明，工作时间越长的教师，越容易出现职业倦怠。

规划是实现目标的具体措施。学校的教师专业发展规划应经过多次讨论，最后提交教代会通过。一旦通过，校长必须亲力亲为，督促落实；教师也应当在一次又一次的政治理论学习中不断提升自身的修养、更新教育观念，在一场又一场的辩论沙龙中交流自己的心得体会，在一届又一届的业务比赛中提高自身的教学水平和科研能力。

二、完善制度文化，规范专业成长

1. 制度管理的概念及性质

制度也称规章制度，是国家机关、社会团体、企事业单位，为了保护正常的工作、劳动、学习和生活秩序，保证国家各项政策的顺利执行和各项工作的正常开展，依照法律、法令、政策而制定的具有指导性与约束性的应用文，是各种行政法规、章程、制度、公约的总和。

以制度规范为管理手段，协调企业组织集体协作行为的管理方式，就是制度管理。制度管理的概念是由德国管理学家韦伯提出的。

规章制度的使用范围非常广泛，大至国家机关，小至单位、班组，它是国家法律法规政策的具体化，是人们的行为准则和依据。制度一般具有约束性、激励性和规范性等特点。

不合理的制度管理主要体现在以下几个方面："千人一面"，一把尺子；见物不见人，没有人性；刚性太强，没有弹性；处罚性的多，奖励性的少等。在这样的制度下，人的工作主动性和创造性不能得到有效发挥。久而久之，还会使人从不关心制度到仇视制度、对抗制度，进而产生上下级间的激烈矛盾。

2. 人本管理的概念及性质

人本管理是指在人类社会自身有组织的活动中，从人性出发来分析问题，以人性为中心，按人性的基本情况来进行管理的一种普通的管理方式。人本管理的思想产生于二十世纪三十年代的西方，并在二十世纪六十年代被有效运用于企业管理中。我国企事业界于二十一世纪初开始接受这一先进理念，并将其运用于管理实践。人本管理主要包括以下几层含义：依靠人——一切经济行为都是由人来进行的，人有活力，企业才有竞争力，才能创造辉煌的业绩；开发人的潜能——生命有限，智慧无穷，应调动人的工作积极性，释放其潜能，使其以极大的热情和创造力投身于事业之中；尊重每一个人——员工是主人，客户是上帝；塑造高素质的员工队伍——提高员工素质也就是提高企业的竞争力和生命力；人的全面发展——管理的终级目标；凝聚人的合力——组织有效运营的重要保证。成功的团队没有失败者，失败的团队没有成功者，培养凝聚、向心、有创造力的团队是企业永恒的主题。

人本管理的基本要素主要包括：以人性为核心的人、管理者、员工环境、文化及价值观。

人本管理的优势不言而喻，但不足之处也非常明显：其基本要素对企事业单位要求较高，一般单位望而却步；对被管理者即企业人员没有太多的约束，而是建立在"理想人"的基础之上。企业文化与价值观的形成需要几代人的持续努力与继承，不是一朝一夕、一蹴而就的。

3. 我校制定制度的原则

(1) 可行性

制度一方面要有利于执行国家的法律、主管部门的法规和上级的政策，另一方面要有利于调动教职工工作的积极性和主动性。

(2) 可操作性

制度要方便于教职工执行，更要方便于学校管理层考评。

（3）可持续性

制度既要保持政策的延续性，又要与时俱进，改革创新。

4. 我校制定制度的理念

"德才并举，追求卓越"是我们的校训。"以学校发展为本，以教师发展为本，以学生发展为本"是我们的办学理念。结合二者，我们制定出了以人为本、依靠教职工和学生的全面发展成就学校并最终提升教师和学生自身的管理思想。"制度管理与情感管理相结合，民主管理与自主管理相结合"的管理方略，更是我校管理理念指导下的具体管理实践。

5. 我校制度的类别及主要特点

二十多年来，笔者一直致力于人本管理的模式研究，围绕管理理念和管理方略，实施制度管理，依法治校。我校的规章制度归纳起来有以下几大点：管理目标、岗位职责、行政管理、民主管理、德育工作管理、教学与科研工作管理、后勤工作管理、体育卫生艺术工作管理等。

多年的管理实践使我校形成了独特的制度文化。可以这样说，规章制度已经自然流入到我校教师的血液中并变为规范、自觉和创造性的工作。

三、构建"和实"文化，营造成长氛围

1. 校园文化的内涵及其作用

校园文化是一所学校在长期的办学过程中的积淀，是管理者与师生共同教育教学实践的结晶，是这所学校重要的教育资源和表征。其中的教育理念与办学思想则是学校的校长、管理者和教师从理性角度对教育实践活动的归纳、总结和提炼，在学校长远发展以及校园文化生活的丰富方面起着不可替代的引领作用。教育理念和办学思想是校园文化的灵魂，是校园文化健康开展的前提条件。[①]

校园文化像空气一般包围着师生，像泉水一样滋润着师生，随风潜入夜，润物细无声，既有利于共同的教育观和人才观的形成，又有利于团队精神的培养和形成，还有利于学校的发展和教育教育质量的提升。

校园文化包括管理文化、制度文化、物质文化、德育文化、教学文化等方面。

---

① 引自《延安教育学院学报》（2008年12月第四期）的文章《校园文化内涵研究》，作者是康琪。

2. 我校校园文化的内涵

"和"与"实"是我校校园文化的精髓，是经过几代人共同努力的结晶。"和"即和谐，和而不同；"实"即诚实，实事求是。即在学校"以学校发展为本，以教师发展为本，以学生发展为本"的办学理念指导下，和谐相处，诚实工作，不断探索现代科学的学校管理方法，实践现代教育心理学教学策略，德才并举，追求卓越，向着和而不同的人生目标而奋斗。

在学校办学理念的指导下，我们构建了富有学校特色的制度文化（在本章第三节已经论述）；教学教科研文化和学校物质文化（附学校物质文化解说词）。

附：《章丘五中文化校园解说词》

近年来，章丘五中秉承"追求卓越、德才并举"的校训，坚持"以学校发展为本、以教师发展为本、以学生发展为本"的办学理念，以新课程改革为契机，聚精会神抓教学，一心一意谋发展，立足课程、课堂、课题，基于实践与可行性研究，实施课题带动、活动推动、常规联动、展评促动战略，把校本培训、教科研、常规教学结合在一起，不断提高课堂教学改革的系统性、整体性及协同性，围绕"SCE"项目教学系统的研发、固化、提升与突破，引领教师走专业化发展之路，打造四种品味（高雅、生机、魅力、文化）校园，凝聚五中力量，开创了教育教学的新局面，实现了办学水平的新跨越。在上下求索的征程中，五中人共同的文化愿景——和实文化初露端倪并日益彰显。和即和睦，和而不同；实为诚实，实事求是。从和实广场、中和楼、和实大道一直到太和石，从思源角、异彩湖、同晖林、分享坛、梦回处、松乐亭、和美苑、一得阁一直到梦想舞台、成人门、毕业门，五中的亭台楼阁、一草一木都蕴含着、同时也向师生展示着五中的精魂——和衷共济、和而不同；实事求是，实至名归。

走进五中，中和楼（办公楼，《礼记·中庸》曰："喜、怒、哀、乐之未发，谓之中；发而皆中节，谓之和。中也者，天下之大本也。和也者，天下之达道也。致中和，天地位焉，万物育焉。""中和"之名彰显了五中以人为本、天人合一、继往开来的办学理念）巍然屹立，西侧唯美楼（艺术楼，艺术求美）、东侧唯真楼（实验楼，科学求真），如鸟之双翼，临风振羽，扶摇直上，象征艺术思考与脚踏实地的融合为一。中间和实广场敞开她博大的胸襟笑迎莘莘学子、八方宾朋（"和实"一词出自《国语·郑语》："和实生物，同则不继"，寓示五中将不同爱好、不同兴趣的师生和谐地凝聚在一起的办学理想）。开卷有益，书籍是人类进步的阶梯，拾级而上，"德才并举，追求卓越"的校训犹如一把钥匙，为我们开启智慧人生的大门。

穿过中和楼，走上和实大道，五中学子也就走上了一条自我修炼、自我完善的阳光大道，从这里出发，走向社会，走向未来，你的修行将带有鲜明的五中印记：和谐、和睦，和而不同；充实、诚实，实事求是。和实文化是五中人的精魂，所以南大门至办公楼的中心大道命名为和实大道。和实大道东侧南北向道路取名元实路（"元"有初始之意，与春天及东方相对应）；西侧两条南北向道路分别取名秋实路（"秋实"有收获之意，与秋天及四方相对应。东边的"元实路"象征"春生"，而西边的"秋实路"象征"秋收"；东边的"元实路"寓示"朝花"，西边的"秋实路"则寓有"夕拾"之意）、笃实路（"笃"有切实践行之意，语出《礼记·中庸》："博学之，审问之，慎思之，明辨之，笃行之。""笃行"寓有五中师生按既定的教学理念认真去执行、实践之意，是"秋实"的基础，故把西侧相邻的两条路分别命名为"笃实路"与"秋实路"）。

《礼记·中庸》曰："致中和，天地位焉，万物育焉。"中和路（从至善楼至五和厅即中和楼南侧东西向路），位于学校的中间位置，将教学区与运动区、生活休闲区分开而又有机地结合在一起，全面育人，育全面的人，教育教学质量的综合提升是一项系统工程，学习、运动、生活，身心和谐，整合协调，致中和才能构建绿色的教学生态。中和路北边，一进校门的东西向路取名尚和路；中和路南边两条东西向道路分别取名崇和路、太和路（"太和"一词出自《易经·乾卦·文言》："乾道变化，各正性命，保合太和，乃利贞"。"太和"乃至为和谐之意，是"和"的最高境界，故把最南边作为五中校园靠山的这条路命名为"太和路"，南门进口的这块迎门石也因之命名为"太和"石）。

上述道路南北向以实命名，东西向以和命名，以实为经，以和为纬，纵横交织，象征着五中的和实文化犹如阳光空气一样遍布校园的每一个角落，也让天天行走于其上的五中学子得到无言的教诲：弘扬和实文化，走好人生之路。

中和路以北、秋实路以西有两座教学楼，北边的高一楼取名笃信楼，"笃信"出自《论语·泰伯》："子曰：笃信好学，守死善道"，意思即忠实信仰，对道德和事业抱有坚定的信心，守望真理，九死未悔。以笃信命名，意在让学生于潜移默化中把至诚至善的美德内化于心，成为真正的人生信仰，成为五中学子的印记。

南边的高二楼取名笃行楼。"笃行"出自《礼记·儒行》："儒有博学而不穷，笃行而不倦"，是为学的最后阶段，"笃"有忠实、踏实、扎实、一心一意、矢志不渝之含义，强调既然学有所得，心有所信就要努力践履所学、所信，把诚信、友善坚定不移地落实到行动中，做到"知行合一"。知与行的和谐统一是五中和实文化的精魂，心中有梦，行者无疆，我们一直在努力。

中和路以北、信实路以东有两座教学楼，北边教学楼取名至诚楼。"至诚"源自《中庸》："唯天下至诚为能尽其性，能尽其性则能尽人之性，能尽人之性则能尽物之性，能尽物之性则可赞天地之化育，可以赞天地之化育，则可以与天地参矣。"个人的修行离不开诚意正心，正如《大学》所云："欲修其身者，先正其心；欲正其心者，先诚其意；欲诚其意者，先致其知；致知在格物。物格而后知至；知至而后意诚；意诚而后心正；心正而后身修；身修而后家齐；家齐而后国治；国治而后天下平。"诚实友善是社会主义核心价值观，更是五中立德树人的根本，是和实文化的精魂。

南边教学楼取名至善楼。"至善"语出《大学》："大学之道，在明明德，在亲民，在止于至善。"一心向善，学会感恩，是五中德育的中心，是和实文化的主要体现。

"一粥一饭当思来之不易，半丝半缕恒念物力维艰"，老校长从《朱伯庐治家格言》中撷取警句，刻在寿山石上，也刻在每一位学生的心中。"谁知盘中餐，粒粒皆辛苦"，饮水思源。"思源角"告诫由此进入餐厅的每一位同学：我们所食用的每一粒米、每一碗粥都来之不易，每个人都应勤俭节约，惜福感恩，从点滴做起，养成良好的生活习惯。

五中餐厅取名"五和厅"，酸甜苦辣咸，五味调和，终成人间美味，和实生物，同则不继，美食如此，人生亦然；"五和厅"启迪学生，尝尽人间酸甜苦辣，全面发展，协调发展，人生才会有滋有味，多姿多彩。

天生万物，各有不同，参差多态是幸福的本源，每个学生都有自己的个性，我们的教育理念就是因材施教，从个性中挖掘兴趣，把兴趣发展为爱好，把爱好发展为特长，让特长陪伴终生，一个有特长的人生肯定是一个出彩的人生，人生因不同而精彩，所以我们把这一湾碧水命名为"异彩湖"。

孔子曰：有教无类。让每一个孩子都能沐浴素质教育的阳光雨露，感受到来自社会、家长、老师的关爱，谁言寸草心，报得三春晖，挖掘一草一木的教育功能，让学生在爱的教育中学会感恩，一心向善，从而开启一条走向幸福的大路，所以我们把这片碧草丛林命名为"同晖林"。

园丁辛勤一堂秀，桃李荫成四海春，春华秋实，中和楼前的"芳园"，遍植桃李，郁郁葱葱。春来，繁花似锦；秋去，硕果飘香。桃李不言，下自成蹊，"芳园"启迪师生：生命犹如烂漫的春花，只有极致地绽放，才会有沉甸甸的收获。

独学而无友，则孤陋而寡闻，表达自己的观点，悦纳别人的意见，乐人之乐，忧人之忧，书生意气，挥斥方遒，思想因分享而更深邃，事业因合作而更辉煌。"分享坛"为每一位学子提供了讲坛，也成为我们五中教育理念的象征——合作共赢。我们坚信：历经岁月的淘洗，这块状若讲坛的奇石必将镌刻在无数学子的心中，生活、学习小组伴你走过的峥嵘岁月也会越来越清晰，因为她曾给予你位置，也曾留下过你的声音。

无论你飞多高，无论你走多远，母校将永远让你魂绕梦牵，这方孕育最初梦想的沃土，把真善美的种子播撒在每一位学子的心田，把根留住，永远汲取向上的力量，梦回校园，和实之光依然温暖灿烂。"归梦轩"，见证青葱岁月，再续师生情缘。

子曰"岁寒，然后知松柏之后凋也"，松树，傲霜斗雪，坚强乐观，被人们称为岁寒三友。"松乐亭"，以树喻人，天人合一，启迪莘莘学子，学松柏品质，做乐观达人。

"和美苑"与"松乐亭"呼应一气，在绿树红花的掩映中，青年学子坐拥其间，读书学习，激扬文字，畅游知识的海洋，求真、求善，求美，和谐发展，其乐融融。

智者千虑，必有一失，愚者千虑，必有一得，一日一得，日日有得，积跬步，不停步，铸就人生大智慧。"一得阁"启迪五中人从现在做起，从小事做起。绳锯木断，水滴石穿，不是力量大而是功夫深，贵在坚持，难在坚持，成在坚持。

"梦想舞台"把毕业门、成人门连成一体。有梦想，有舞台，有责任，有担当，在这里五中学子终将悟得：越努力，越幸运，幸福就是对责任的自觉承担，当你为心中的梦想矢志不渝时，再苦再累，也无惧无畏。从这里，带着鲜明的五中印记，跨过成人门、毕业门，走向成熟，走向五湖四海，秉承"德才并举、追求卓越"的校训精神，不断攀登"和而不同"的人生高峰，追求人生的五彩梦想。

四、建共同体，促全方位提升

1. 学习共同体的内涵及性质

学习共同体（Learning community）指的是由学习者共同构成的团体，成员在学习过程中，沟通、交流、分享各种学习资源，共同完成一定的任务，并彼此形成相互影响、相互促进的人际关系，最终促进个体的成长。[①]

我们构建的学习共同体有这样几个特点：首先，共同体是一个温馨又舒适的场所，在这个地方，大家时刻都有归属感，没有权力之争，没有尔虞我诈，没有阳奉阴违，教师之间开诚布公，光明磊落。其次，共同体是一个相互帮助、共同提高的地方，没有讽刺挖苦，只有帮助、感恩与成长。第三，共同体是一个大家共同分享愿景，共同追求理想的地方。在这里教师们有着共同的理想，相同的目标，并自觉组合在一起。第四，这是一个极具团队精神的地方。研究表明，这种自发的团体，更具有凝聚力、向心力和战斗力。

2. 有组织的学习共同体

有组织的学习共同体主要指学科教研组、年级学科备课组和班级作业组等学习共同体。

---

① 引自《教师教育研究》（2005 年第五期）的文章《教师的专业成长组织：教师协作学习共同体》，作者是徐丽华、呈文胜。

（1）学科教研组

学科教研组是根据学科组建的学习共同体，其负责人是教研组长。其职责是：定期组织同学科教师进行政治理论学习，学习党和国家的路线方针政策，学习先进人物的模范事迹；定期组织同学科教师进行业务理论学习，学习现代教育教学理论、心理学理论、教育教学改革的经验；定期组织教学研究和比赛活动等。它是至关重要的教师校本培训的组织形式。

（2）年级学科备课组

年级学科备课组是根据所任学科及年级组建学习共同体，其负责人是备课科组长。是在教研组指导下的学科教学研究的具体实施单位。其职责是：按级部领导的要求，结合学科教研组的工作计划开展教学研究和教育科研工作；开展新课程理念指导下的对学生学习方法的研究；开展科学取向教学论的实践研究（共享式备课、建构式学堂、嵌入式评价）。开展教学研究活动，互相学习，共同提高。

（3）班级作业组

班级作业组是根据班主任所任学科组成的学习共同体。其负责人是班主任。其主要职责在第一篇中已有论述。

3. 非组织的学习共同体

所谓非组织的学习共同体是指教师根据自己的兴趣、特长、爱好等自发的组建的学习共同体。其特点是更具有团队精神。

（1）兴趣类学习共同体

兴趣类学习共同体在我校有几类：古文类、诗歌类、散文类、英语类、课题类等。组长是通过民主选举的形式选举产生的，一般任期为 3 年。组长和学习共同体都有各自的职责，他们大都长期坚持学习、活动、比赛等，教师积极性高、成长快，但需要学校通过必要的激励手段加以引领。

（2）特长类学习共同体

指以音乐、美术、体育教师为主组建的音乐类、美术类、体育类特长类学习共同体。

4. 学习共同体的引领

组建教师学习共同体并不困难，但如何使其成为能够大力提升教师综合素质的主要组织形式，是学校必须解决的问题。

（1）制定组长的职责

组长工作职责的制定是学校引领学习共同体发展的一种非常重要的措

施。职责的制定要注意以下策略：自下而上；民主集中制；抓工作主要方向，不要过分追求全面细致；既要坚持原则，也要灵活把握，给组织留出必要的时间和空间等。

（2）制定学习共同体的职责

引领各类学习共同体制定好职责也是学校必不可少的义务，诸多研究表明，许多学习共同体的工作成效与职责制定成正相关的关系。当然，学校在制定学习共同体职责时要注意以下策略的运用：业务活动为主，教学研究为主；活动主题以自选为主，以学校确定为辅；活动形式多样化，活动时间两周一次，每次不少于两小时，也可适当延长；活动要有结果的体现，体现的形式不限；学校领导以研究者的身份参与，切忌政治色彩浓厚，学校干扰过多等。

（3）共商活动主题

学习共同体引领的另一项措施是活动主题的确定。由于学习共同体类别多，活动主题各异，因此只能制定活动原则来引领学习共同体的发展。基本活动原则是：有利于教师综合素质的提高，有利于教师知识与能力践行的拓展，有利于教师不断更新教育观念，有利于教师紧跟学校教科研改革的步伐。有时学校也可与组长一起商定活动主题，校长以普通教师身份参与活动。切忌活动主题仅与高考相关等急功近利的做法，以免引起教师的反感，导致学习共同体的破裂。

（4）评价活动效果

评价教师活动效果是引领学习共同体成为校本培训的重要措施，学校必须善于利用这一鼓励、鞭策手段。评价方式有：过程性考核，结果性考核，竞技性考核，综合性考核等。过程性考核主要依据学习共同体是否按时举行活动、参加人数是否齐全以及教师对共同体的评价等组成。结果性考核要看学习共同体对教师的综合素质提升的贡献程度等。竞技性考核是对学校及以上的业务部门举行的专项或综合性比赛中获奖教师的支撑程度的评价。获奖档次高、人数多，说明平时活动对教师的专业发展有着直接的促进作用。综合性考核则是对学习共同体平时的活动情况、竞技性结果、各类业务比赛情况等进行全面综合性的考评。

第二节 教师专业发展的路径及策略

教师专业发展的路径和策略很多。经过实践研究，我们认为在普通高中引领教师专业发展的最有效途径是"课题带动战略"，即通过科学严格的课题管理制度，引领教师走向基于实践、基于课堂教学、基于学科教学发展的研究，走上一条专业化发展的道路。

一、课题的内涵及课题来源

（一）课题的内涵

所谓课题，指要研究和解决的问题，课题包括校级课题、县级课题、市级课题、省级或国家级课题。

（二）课题的来源

根据目前我国中小学科研现状分析，课题的来源主要有二个渠道：一是教学实践中产生的问题，问题即课题；二是学校及以上教学科研部门下发的各类课题。

1. 教育教学实践是中小学课题的主要来源

解决教育教学实践中的具体问题始终是教育科学研究的基本任务。对于广大中小学教师来说，教学实践中产生的问题更是研究的重点。

在教育教学实践中，我们不难发现教育问题一般分为两类。一类是宏观领域的问题即涉及教育的全局的问题，如教育的学制问题、管理体制的问题、课程设置的问题、发展规划问题、经费投入问题等，这类问题研究范围广，涉及人力、物力较多，研究时间长，因而通常由教育主管部门组织专门专家学者进行研究。另一类是微观领域的问题，主要是教育教学实践中常见的问题。对中小学教师来说，这类课题既是研究课题的来源又有研究的实际价值。这类课题又可以概括分为以下几个方面：

（1）学校管理研究

向管理要效益、向管理要质量是现代教育的一个重要观点。目前在学校管理中就存在很多问题需要科学方法来解决，如校级领导的领导力研究，中层领导的执行力研究，教师执行力研究，后勤社会化研究等，其中每一层面也都包括不少的具体课题。

（2）教学实践研究

教学是学校的中心工作，是提高教育教学成绩的主要方面。影响教学成绩提高的课题很多，归纳起来大致包括四个方面。第一，新课程理论指导下的教学实践中出现的课题，如课程改革中教师的行为会发生哪些变化、如何适应变化、教师的定位是什么、如何定位、如何培养学生的问题意识、怎样培养学生的综合实践能力、如何引导学生进行探究学习、学生合作学习怎样组织等。第二，科学取向教育论指导下课堂教学模式研究中出现的课题，如新授课上课模式的研究、复习课上课模式的研究、讲评课上课模式的研究等。第三，知识转化为技能的研究，如单一概念（规则或定理）转化为技能的研究、综合能力形成机制的研究等。第四，素质教育与应试教育的关系研究中出现的课题。

（3）师生德育管理中的问题

培养什么人的问题是学校的首要价值理念。学校应该旗帜鲜明地把教育观、人才观、价值观放在突出的位置，为师生德育工作的课题指明方向。关于教师方面常见的课题包括："如何在市场经济下提升教师的师德素养的研究""高尚师德无私敬业的源泉来自哪里""帮助教师成功的情商如何培养"等。关于学生方面常见的课题包括："学生学习的原动力在哪里""爱国主义精神的培养途径是什么""高中学生的日常规范中的四个顽疾（谈情说爱、逃课上网、喝酒吸烟、打群架）如何破解""情商在学生学习成绩提高中的作用是什么"等。

（4）学校、家庭与社会的研究

学生的成长是一个严密的系统工程，需要家庭、社会和学校三个方面的密切配合。这其中包括的课题也很多。

2. 上级教育主管部门的课题

这类课题是目前中小学教师研究的重要来源。它可分为两类。一是教育科研部门下发的课题。其特点是专业性强，理论水平要求高，研究时间长，涉及面较广等，因而研究价值较大。几经研究结题后，对教师的专业成长有极大促进作用。二是教师个人或学校争取到的课题。课题来自一线，须有专家指导，涉及面较广，有较强的研究价值。

二、课题研究的作用

课题研究能使教师的专业素质、综合素养不断提升，能帮助教师克服职业倦怠，实现由教学新手到教学骨干再到教学专家的蜕变。

（一）课题研究能唤醒教师的主体意识

开展课题研究客观上能使教师真正成为理论的学习者、实践的研究者、人际关系的合作者。课题研究关注教师的亲身体验，教师自始至终都是研究的主体，在与同伴的合作交流中，他们的经验、学识、品质、情商等都发挥着重要的作用。在理论学习中，他们由自学、交流学习体会到运用自如；在课堂教学研究中，他们互相借鉴，不断打磨，使教学水平由原生态的自我模式产生质的飞跃。在教学的具体情境中开展教学研究，可使老师们不再认为教学科研是高不可攀。开展教学研究能使领导与教师、教师与教师、教师与学生之间构建起一种互助合作的人际关系。

（二）课题研究是促进教师专业成长的有效途径

课题来源于教学实践，直接与教师的教学工作产生联系。课题研究就是要解决教师在教学中遇到的问题、矛盾和困惑，这种研究让教师容易接受。一旦课题研究有了成果，教师的教育观念就容易发生转变。

（三）课题研究是帮助教师摆脱职业倦怠的重要手段

课题研究小组一般是在学校引领下由教师自由组合形成。他们兴趣爱好一致、目标一致、具有较强的团队精神。教师在团队中享受集体的温暖，在研究中分享成功的快乐。职业的成就感、幸福感愈研愈高，职业倦怠感自然就会化解。

三、课题研究的管理

（一）组织领导

成立学校课题研究管理领导和工作小组，下设课题管理办公室（教科室）。教科室负责组织学校各类课题研究的申报和建档、课题日常研究管理、学术交流、科研成果推广等工作。

成立学校课题评审委员会，负责学校级课题的立项评审、课题研究过程管理、中期检查指导、课题成果鉴定等工作。

（二）课题申报

课题研究小组主持人必须具有中级以上专业技术职称，并有一定的理论水平和研究能力。研究成员每组一般不多于 5 人，每组每次只能申报一个课题，必须参加过学校课题研究且通过鉴定的人员才有资格申报更高级别的课题。课题可以从学校目录中选择，也可自拟。课题要有针对性、客观性，有较强的直接利用价值或推广价值。申报课题立项后，须报教科室备案并建档管理。

（三）课题管理

各级各类课题研究实行学校、级部和课题研究小组长相结合的管理方式。课题立项后，研究小组要严格执行。若有不严格执行程序、私改课题、抄袭他人成果、弄虚作假等现象，应撤销课题研究项目，相关研究人员三年内不得申请新课题。

（四）课题鉴定

所有校级以上立项课题都要按时接受学校课题评审专家委员会的评审。校级以上的课题评审由课题立项部门负责。学校应做好相关资料的把关工作。所有课题组均要按照学校要求提供有关研究材料。

课题鉴定后，学校按有关规定发放课题研究经费。因种种原因不能结题的，要收回开题费。

各级部和课题组要做好成果的推广工作。学校每三年组织一次科研优秀成果评选工作。

附：《章丘五中教科研课题管理办法》

章丘五中教科研课题管理办法（修改补充版）

第一章 总 则

第一条 为加强和完善学校教育教学研究课题的管理，提高课题研究的水平与质量，进一步促进研究成果的推广与使用，确保能及时破解学校教学改革中遇到的实际问题，推动教研活动的广泛开展，大力提升教育教学质量，为实现学生、教师、学校的健康持续发展提供源源不竭的动力，特制订本办法。

第二章 组织领导

第二条 成立学校教学研究课题管理工作领导小组，领导小组下设课题管理办公室（教科室）。教科室负责组织学校各级各类教育教学研究课题的申报、建档、课题日常研究管理、学术交流、科研成果推广等工作。

第三条 成立学校课题评审委员会，评审委员会由各级部分管教学的主任及教研组长组成，负责学校级课题的立项评审，课题成果鉴定，并参与各级各类课题的过程管理、中期检查和指导。

第三章 课题申报

第四条 申请课题的主持人应符合以下条件：

1. 具有中级以上专业技术职称，并有一定研究能力的，均可按本办法申报课题。

2. 多人参与的课题主要负责人，须具有中级及以上专业技术职称和较高的研究能力。不具备中级专业技术职称的，须由两名具有中级及以上专业技术职称的人员参与课题的研究。

3. 课题负责人必须是课题的主要研究者和组织者，能够真正承担和负责组织、指导课题的实施。课题成员不超过5人。

4. 课题申请人同时只能申报一个课题。以往承担的研究课题必须按规定结题，未结题者不能申报。

第五条 校级课题申报与立项

1. 课题申报工作每年进行一次，申报者需填写课题申报表，每学年开学初（9月1日—9月30日）向教科室提出申请。

2. 凡符合申报条件的教职工均可申报。

3. 每个课题只申报一次。

4. 一个人不能同时申报两项或两项以上课题。

5. 由学校课题评审委员会负责上报课题的审查，根据申报课题的研究内容、目标、价值等，审核立项，并提交课题管理领导小组审批。

第六条 市级及以上课题的申报

1. 必须参加过学校课题研究且已经通过鉴定的人员才能申报市级及以上课题。

2. 所有国家级、省级及市级教科研课题需报经教科室审查，研究内容及方向符合学校要求的课题提交课题领导小组审批后，方可向上级有关部门申报。

3. 申报课题立项后需报教科室备案，并由教科室建档进行统一管理。

4. 选题要以课程与教学改革发展中的理论与实践为主攻方向，突出应用研究，注重教学实际，力求居于学科前沿，具有原创性或开拓性，避免低水平重复。

5. 选题要有针对性，内容要实，成果可直接应用，能在规定时间内完成研究任务。

第四章 课题管理

第七条 各级各类研究课题采取学校、级部、课题负责人相结合的管理方式。所有立项的课题要按本办法有关规定做好课题自我管理，课题负责人所在级部负责课题的具体管理，对课题研究的日常过程进行检查和督促。

第八条 课题被正式批准立项后，课题负责人要及时进行开题论证，落实研究工作。校级课题由学校教科室和级部组织开题论证工作，市级及以上课题按照课题审批立项机构的相关要求，由学校教科室、级部协助课题负责人组织开题论证工作。

第九条 研究工作提倡短期、高效、适时，研究期限一般在 1—3 年。

第十条 课题负责人自接到立项通知书后，要立即组织参与课题研究的人员对课题研究的内容进行进一步的论证和完善，制定详细的研究计划和措施，写好开题报告并组织课题研究的实施工作。

1. 每两周要撰写一个教学案例，这个案例不是教案，而是围绕课题研究的内容而形成的一个课堂实录，是方法的归类，是总结升华的基础；

2. 每个月课题组至少要有一次围绕课题的集体研讨，并有翔实的记录；

3. 课题组成员要按照分工及时完成各自的计划研究任务并写好阶段总结；

4. 级部每月检查一次课题组的研究工作档案和活动情况，督促课题组及时完成阶段研究任务；

5. 课题组要及时做好中期研究总结，并撰写课题中期自查报告；开展好中期研究成果汇报工作：推出校级公开课（不少于 3 节）、级部范围的同课异构、课题研讨沙龙等活动。

第十一条 校级课题凡有下列情况之一者，须由课题负责人提出书面申请，经学校教科室同意，报送课题管理工作领导小组审批：

1. 变更课题负责人；

2. 改变课题名称；

3. 对研究内容作重大调整；

4. 课题完成时间延期（最多一年）。

第十二条　凡有下列情况之一者撤销课题，被撤销课题的课题负责人三年内不得申请新课题。

1. 私自篡改课题名称，或与批准的课题设计严重不符；

2. 在平时的检查中发现没有认真开展课题研究且提出改进意见后仍不见改善的；

3. 研究成果质量低劣，或抄袭、剽窃他人成果；

4. 提供的研究档案资料不全或粗制滥造，没按照要求组织汇报活动的；

5. 研究报告撰写不规范，文字叙述不清，逻辑表达混乱的；或研究报告来自网络，复制粘贴，东拼西凑，流于形式，疲于应付的；

6. 第一次鉴定未能通过，经修改后重新鉴定，仍未能通过；

7. 逾期不提交延期申请，或延期到期仍不能完成研究工作的。

第五章　结题鉴定

第十三条　为确保教学研究课题的质量和实效，严格把好评审关。

第十四条　校级课题评审时邀请章丘市教科所专家来校指导评审工作，成立评审小组。课题先经过评审小组初审合格，再提交学校评审委员会最终审核。课题组成员不能担任自己主持或参与的课题的评审小组成员。市级及以上课题结题时，教科室组织并协助课题组整理完善结题材料并上报相关单位。

第十五条　课题按期完成后，最终成果均须进行鉴定，通过鉴定后予以验收结题。

第十六条　最终成果的基本要求：

1. 根据课题研究工作安排，课题研究需在结束前提前 1－2 个月完成课题研究并准备结题工作。

2. 课题完成后，课题组应对研究工作全过程进行认真总结，撰写研究总结报告，准备课题成果纸质材料和电子材料。研究总结报告要言简意赅，突出重点。

3. 所有课题均须填写《教学研究课题成果鉴定申请表及审批书》，并提供课题研究成果。需提供的档案材料有：立项通知、开题报告、中期报告、课题研究报告、工作报告、典型案例集、典型教案集、精品课件集、获奖论文、成果证书等。

第六章 课题经费

第十七条 通过立项并顺利开题的课题,按课题等级及学校规定发放课题开题研究经费。

第十八条 经认真研究并顺利通过成果鉴定的课题,按课题等级及学校规定补发课题研究经费。

第十九条 因各种原因被取消课题研究的,学校将收回开题时发放的研究经费。

第七章 成果推广

第二十条 成果推广是课题研究的最重要的一项内容,课题负责人应高度重视研究成果的推广,各级各类课题通过鉴定后要及时制定推广计划和措施,上报学校教科室。

第二十一条 学校每三年组织一次教科研优秀成果评选工作,根据成果推广的范围及取得的实际效果,评出一、二、三等奖,颁发奖励证书。

第八章 附则

第二十二条 本办法自公布之日起实施。

第二十三条 本办法解释权在学校课题研究工作领导小组。

附:《山东省中小学教师专业发展现场会我校校长致辞》

做"实"教育科研,成就"超越"梦想

——山东省中小学教师专业发展现场会校长致辞

尊敬的各位领导、各位专家、各位来宾:

首先,我代表章丘五中全体师生,对来自全国各地的专家、同行在百忙之中莅临我校指导工作,表示热烈的欢迎和诚挚的感谢!

本次山东省教育科研现场会在我校举办,充分体现了诸位领导、专家对我校教育科研工作的关心、支持与期望,依托本次会议,将展示我校多年来的教育科研成果——"SCE 项目教学系统",在此恳请各位专家对我们的研究提出宝贵意见和建议,同时,相信这次会议也一定会给我校带来许多先进的教育方法和前沿的教学理念,并得到最权威的指导,从而促进我校的持续发展。

章丘五中1979年建校，是一所年轻、充满活力的普通高级中学，也是一所设施齐全、环境优美、品位高雅的花园式学校。现有教学班64个，在校生4400多人。多年来，学校实施"教育科研"带动战略，坚持"眼中有学生，心中无基础，脑中有目标，胸中有策略"的办学方略，以"领袖气质、团队精神、一流事业、精彩人生"为育人目标，解放思想，激活体制，内涵提升。同时实施"特优教师"和"名牌学生"培养战略，努力培养"有品质、有气质、有素质"的三有教师和学生，现学校正向"效能提升阶段"彻底转型，并向创建"和实"校园文化扎实迈进。近年来，学校先后荣获全国教科研先进单位、全国教科研示范基地、山东省规范化学校、山东省艺术教育示范学校、山东省心理健康教育示范学校、山东省校本研究先进单位等殊荣，并成为山东省教育科研重点实验基地，山东省首批"教育家成长"活动基地。

实践证明，加强教育科研是推动学校教育改革和发展的需要，是全面提高教育教学质量的需要，是教育决策科学化的需要，也是提高教师素质的需要。一所学校，只有坚持不断提高教育科研品位，才能有长足的发展；一个教师，也只有走教学与科研相结合之路，才能将教育教学工作提高到一个新境界。

在"科研兴校"战略带动下，我校的教育教学质量实现了跨越式发展，高考一批本科上线连续七年实现了高速增长。2009年，从入学基础的60人，到高考一批本科上线69人；2010年，从入学基础的65人，到高考一批本科上线75人；2011年，从入学基础的60人，到高考一批本科上线98人；2012年，从入学基础的78人，到高考一批本科上线127人；2013年，从入学基础的108人，到高考一批本科上线183人。2014年，从入学基础的126人，到高考一批本科上线284人。2015年，在全省一批本科人数大幅减少的情况下，五中持续增长，考入410人。从以上数字我们可以看出，五中作为一所普通高中，生源不是最优，但经过不懈的努力，不断创造着一本升学人数在我市增长率最高的标尺，也正是因为有目共睹的成绩，生源基础从去年开始逐步得到优化。

除了高考成绩的大幅提升，我校学生的综合素质也在不断提升。学校一直致力于为不同特长生提供适合自己的成才渠道。自主招生、艺术特长生、艺体专业生，都能得到有效指导和提升。在理念上我们打破了单一依据文化课成绩评价学生的机制，在行动上为有不同特长的学生实现自己的人生理想提供了舞台，很多学生考入了"211""985"的名牌大学，连续几年"艺体生"升学人数高居济南市同类学校前列。无论是高考成绩的"低进""优出"，还是特色办学的全面提升，都得益于我校的教科研方向和"和实"的文化氛围。

章丘五中建校30年来，经历了家长式管理、经验型管理和制度管理三个阶段，潮起潮落，历经艰辛。如何实现教师素质的不断提高，促进学校"跨越"发展，是历任领导班子最为关注的大事。从1999年至今，我们在教育科研的道路上苦苦求索，立足教学实践，坚持行动研究，经过了"思想引领—理论提升—课题带动—课堂提效—课程构建—策略跟进—品牌形成"的过程，开创了学校教育科研工作的新局面。

一是初学理论的"目标教学"研究阶段。为摆脱"时间＋汗水"的高耗低效的被动状态，前任校长拨云见日，鲜明地提出"靠理念超前求突破，向改革创新要质量"的发展思路。1999年3月份，引进了布鲁姆的"掌握学习"理论，拉开了我校教研教改的序幕。面对早已习惯于"一本教材、一个教案、课上满堂灌、课下作业补"的五中教师，学校首先以行政命令的方式，做出多项规定，强力推行教育科研工作。全体领导率先垂范，通过"集体培训、个人学习、理论考试"等方式带领全体教师学习"掌握学习"理论，开阔了教师视野，启迪了教师思维，促进了教师教育观念的更新。在此基础上，理论密切联系实践，改革课堂教学模式，同时还多次赴外地先进学校参观学习，通过模仿实验，效果初显，教学成绩呈现良好的上升态势。

二是浅层实践的"诱思探究"研究阶段。2002年9月，我来到章丘五中。那时，通过行政命令推行的教科研工作已犹如风中之灯，随时都有熄灭的危险。为了让"星火之态"形成燎原之势，也为了走出模仿实验的困境，我们聚焦课堂，提出了"先学一家，融汇百家，发展创新，自成一家"的目标，以陕西师大张熊飞教授的"诱思探究学科教学论"为理论基础，大力推行课堂教学改革，在教科研的道路上又向前迈进了坚实的一步。我们坚持向"理论"学，通过"书香工程"，引导教师悉心读书，研读经典，举办读书沙龙，读书论坛，通过理论引领教师理念不断提升，通过活动助推思想认识不断深入；我们坚持向"他人"学，请进来，聘请张熊飞、高金英、任小艾、郭道胜等专家学者来校授课；坚持"走出去"，鼓励、支持教师进修学习，参加各级各类培训和学术观摩研讨活动，做到安排有计划，活动重实效，经费有保障；坚持向"实践"学，立足课堂，大力推进基于模块的课堂教学改革，开展丰富多彩的教学技能大赛，以赛育人，活动推动，不断推进课改理念在课堂教学中的落实。

当时，我们规划了"理念领先、典型引路、全员参与、单向反思、双向交流"的教科研思路，按照"分类推进、循序渐进、贵在坚持、重在实效"的原则，以科研推动教研，以教研解决教学中的实际问题。通过全方位、立体化的推进教育科研工作，在"自主达标式"教学的基础上，形成了"主体探究式"新授课、复习课、讲评课三种课堂教学模式及评价标准，并初步构建形成了"主体探究式"教学模式，突显出了"教为主导，学为主体，思为主攻，练为主线"的课堂教学特色，促进了教师由"教书"向"教学"，学生由"苦学"到"勤思"的转变，办学效益显著提高。2004年，王林凯同学摘取了济南市"理科状元"桂冠，被清华大学录取。2006年孙波同学以章丘市"理科第一"的成绩被清华大学录取。同年，在济南市第一届"全市中小学中青年教师新课程教学能力大赛"中，我校荣获"高中学段"团体总分第二名。

三是理性反思的"有效教学"研究阶段。从2008年开始，随着新课程改革的不断深入，山东省强力推进素质教育，要求开足、开全课程，把时间、能力、健康还给学生，面对新形势，我们又开始了新的探索之旅。

首先我们坚持"科研兴校"战略不动摇，实施以"课堂改革、课题研究、课程开发"为主要内容的"三课工程"，学校确立"核心课题"攻关研究，并激励教师围绕"三课"进行"项目"研究和"课题"研究，增强了教师的研究意识，提高了研究水平；其次，修订完善了教科研的各项规章制度，对教科研工作实行全程全方位的精细化管理；再次，引导教师以"课题研究"为载体，通过学习、积累、研究、反思、总结，把零碎的东西系统化、杂乱的东西规律化、经验的东西理性化，构建自己的教学系统，形成自己的方法策略，彰显自己的风格特色，实现了理论与实践的有机结合，教育科研工作又迈上新的台阶。

近年来，我校制定了《教科研实施方案》《新课程课堂教学模式改革方案》《课堂教学过程及评价基本要求》《教育科研课题管理办法》《课题研究经费的管理使用办法》《课程资源建设实施方案》等有关教科研工作的二十几项规章制度，对课堂教学改革、课题研究和学校课程开发实行了全程全方位的精细化管理。明确了个人备课、集体备课、导学案编制、课堂教学、作业教学的要求；规范了校级课题立项、开题、研究、结题、成果推广和经费管理的各个环节；科学梳理了学校课程资源的储备、研究、编制和使用。两年一次的全校教师素质大赛进行的风生水起；一年一次的学校课程实施研讨会精彩纷呈；公开课、研磨课上，教师们各显神通；推门课、抽检课上，教师们神态自若。

围绕"三课工程"，学校相继开展了"书香工程""课题展示""推门听课""课堂研磨""课后反思""同伴互助""素质大赛"等丰富多彩的活动，多措并举，不断打磨、矫正、完善，终于形成了具有五中特色的"导学一体、主体探究"的高效生态教学模式，大大提高了课堂教学效率，培养了学生自主学习、合作探究的学习习惯，提高了学生主动发展、解决问题的能力。同时，教师的理论素养和教学水平也发生了质的飞跃。

近五年来，我校有25人获得济南市优质课一等奖，7人获得济南市素质大赛一等奖，41人获得章丘市优质课一等奖，32人获得章丘市素质大赛一等奖，有33人被评为章丘市教学能手，23人被评为章丘市骨干教师。在章丘市第一届高中教师教学能力素质大赛中，有24名教师获得个人一等奖，获取奖项占全部奖项的四分之一，取得了团体总分第一名的优异成绩。2013年6月学校课题《章丘五中导学一体、主体探究有效生态课堂教学模式》结题并获山东省一等奖。

四是创新发展的"高效教学"研究阶段。2013年9月，我们在解决了"学什么""学到什么程度""如何评"等问题后，将研究的重心放到教学策略研究上，即"如何学""如何用更少的时间学"。经多方了解，特别是通过山东省教科所许爱红主任的介绍，我们才知道，教学策略的系统研究，在我国起步较晚，特别是高中学校，全国鲜有成功的范例可学。但是，为了学校的科学持续发展，为能使教学策略研究顺利进行并能尽快见效，一方面，我们选择学习相关的最前沿教育理论，提升教师们的思想理念；另一方面，在许爱红主任的引荐下，我们远赴广东番禺象贤中学考察学习。经过努力，以"教学策略"研究为中心，通过"共享式备课""建构式课堂""嵌入式评价"规范集体备课、整合课程资源、深化课堂教学的高效教学模式逐渐在我校推广开来。

为了将每一个环节落到实处，我带领教学督导组和各级部领导联动合作，深入到集体备课室和课堂找问题、出对策。为改变很多备课组偏重备"教学内容"，轻视备"教学策略"的惯性思维，学校经多方调研后提出了集体备课内容占35%，教学策略占65%的规定，并且要求每个级部都要选出两个优秀备课组进行备课展示，其他组进行备课研磨，所有备课组都要参加集体备课大赛，级部包组领导全程监督指导。在学校的强力推动下，教学策略研究贯穿于从备课到评价的各个环节，使研究教学策略、运用教学策略成为教师们的自觉行为。

随着研究成果的不断成熟，"SCE项目教学系统"的研究进入全面推广期。2015年2月，学校成立了高效教学研究中心和课程开发中心。研究中心多次召开研讨会，学习先进理论，探讨高效教学策略，指导教学改革，掀起了我校高效教学研究的新热潮。时间虽短，但成果显著：首先，在理论层面，中心成员带头学习了皮连生教授的《智育心理学》，并选取精华部分印发给教师们学习；其次，在实践层面，中心成员初步整理了三个子课题的电子课件、出台了《基于课程整合的单元章节共享式集体备课的操作策略》《高考二、三轮复习阶段共享式集体备课的操作策略》，并引领教师们重温了《"导学一体、主体探究"高效生态教学模式》的"三步六环节"和各种课型的操作流程；再次，学校在此期间精心组织了教师素质大赛，进行大面积的课堂教学研磨，并给予指导性意见和建议。高质量的教科研活动带动了教师们参与高效教学研究实践的积极性。且研且成长，得益于教科研工作的深入推进，无论是教师学科专业水准、课堂教学素质、还是教科研能力等综合素质都得到了全方位提升。

通过实践我们认识到，要搞好教育科研工作，一是学校必须有课题研究；二是应结合自己的办学特色确立核心课题，使其成为科研兴校的支点与途径；三是课题须全员参与，必须树立教育科研全员意识；四是学校须把教育科研作为一把手工程。校长不仅要亲自抓科研，主持制定科研规划和重大决策，还要主动参与科研实践，承担重点课题研究并带动下级层层落实。根据《章丘五中教育科研课题管理办法》，教师们立足课堂教学实践，坚持"教学即研究，问题即课题"的教科研思路，以教科研活动为促进手段，将课题研究贯穿于常规教育教学工作中，真正做到了"组组有课题，人人搞研究"，课题研究蔚然成风。同时，学校不断加强课题管理，加大对课题研讨的督查力度，跟进指导，发现典型，组织课题阶段性成果交流活动，帮助课题组不断修正和完善课题方案，不断实现了更高层次的研究。课题研究促进了教师对问题的思索、经验的反思和方法规律的总结凝练，从而实现了教师的专业成长，进而带来课堂教学的优化和高效。迄今为止，我校共立项"校级课题"五批，计上百个课题顺利结题。还承担了省市级以上课题19个，其中国家级课题"诱思探究学科教学论在新课程中的应用"等11个课题已顺利通过结题鉴定。2006年，我校被评为全国教科研示范基地，课题"主体探究式教学研究"荣获全国教育管理科研成果优秀奖，主持人被评为全国教科研先进个人。同时，我校因课题研究成果突出，还曾连续两年应邀参与华东师范大学的课题研究。

伴随教科研工作的不断深入，我们深刻认识到，只有积极主动地推进国家课程"校本化"，构建学校课程体系，提升教师的课程意识，才能增强课程实施的针对性、有效性，提高课堂教学效益，从而大面积提高教育教学质量，从而实现学校的课程创新，培育学校特色，打造学校品牌。为此，我校先后制定了《章丘五中校本课程开发方案与管理细则》《章丘五中课程体系建设指导意见》等多项关于学校课程建设的规章制度，确定了我校课程体系建设的基本原则及学校课程体系规划。课程开发中心以"教学策略"研究为契机，积极行动，立足于国家课程校本化，加强对教材、课标、考纲、考题的研究，重新整合教材，初步构建起了学校课程体系，促进了信息资源和智力资源的共享，提升了教育教学效能。其中，美术教师张超的《色彩教学》、心理教师康宁的《单亲家庭高中生心理特点与辅导策略》成功入选省级优秀课程资源。

通过十多年的不懈努力，围绕"课堂、课题、课程"形成了具有鲜明五中特色的"SCE项目教学系统"研究成果，课堂教学效率显著提高；形成了组组有课题，人人搞研究的教科研氛围，教师研究水平快速提升；构建了符合校情、学情，科学完善的学校课程体系，使国家课程更接"地气"，更加实用有效。十几年的教科研之路，促进了教师的专业成长，促进了学生的身心和谐发展，实现了学校的跨越发展。教育教学质量的提高，吸引了全国多所知名院校纷纷和我校建立合作关系，我校先后成为了华东师范大学、兰州大学、中南大学、西北农林科技大学、中国地质大

学、长安大学、西安电子科技大学、华中农业大学和华中师范大学等多所
"985""211"工程重点大学的"优秀生源基地"。

各位专家、各位同仁，理念决定高度，行动决定未来。"和实"文化
将是我校永恒的追求，教育科研也将是我校永远的探索。专家们莅临我校
指导工作，是对我校教育教学工作的鼓舞和肯定，将进一步促进我校的教
育科研工作。我们一定珍惜机会，认真聆听专家的报告，虚心学习，深入
交流。借此契机进一步推动我校深化内涵发展，促进特色发展和创新发
展。让我们五中凭借教育科研之翼，挖潜聚能，激情高效，乘势而上，再
攀新高！

让我们在研究中同行！

第七章 "SCE 项目教学系统"中的学生学习方式及学习策略

第一节 "SCE 项目教学系统"中学生学习方式的概述

"SCE 项目教学系统"提倡的学生的学习方式与新课程理念所倡导的学生自主、合作、探究学习的理念完全一致。

一、学生自主、合作、探究学习的概念

（一）自主学习的内涵

学生自主学习是新课程理念所倡导的一种学习方式，它要求学生做课堂的主人。学生通过借助教材（教学辅导材料、字典、练习、导学案、自学辅导材料等）调动自己的各种感觉器官，通过动手、动眼、动嘴、动脑等主动获取知识。自主学习主要包括以下三个方面的含义：

1. 主动性

主动性是自主学习的基本品质，它的基本表现为"我要学"，是学生的一种内在需要。这种学习内在的产生主要源于对学习产生的浓厚兴趣。兴趣越浓厚，学生越乐意学习。当学习成为一种享受，学习的效果自然会好。

2. 独立性

独立性是自主学习的灵魂。在学习上它表现为"我能学"。同样也是学习的重要品质。这就要求教师要尊重学生的独立性，正确引导，从而培养学生独立学习、独立分析、独立解决问题的能力。

3. 自控性

自主学习要求学生对于"学什么""学到什么程度""借助什么载体

学""如何学"等问题都有自觉意识和反应。自主学习意识强的学生通常都具备下列特征：有自学目标；有自学计划；会安排自学时间；会选择学习方法；有自我监控和调节能力。

（二）合作学习的内涵

合作学习是指师生之间或者学生之间借助教学载体相互讨论、相互交流、相互帮助、相互提高的一种学习方式。合作学习主要包括以下两个方面的含义：

1. 互动性

这种互动既有师生之间的互动又有学生之间的互动。新课程更提倡学生之间的互动。实施"兵教兵"战略有利于培养学生的综合素质。

2. 交往性

学习不仅仅是一种个体获得知识和发展能力的认知过程，也是一种人与人之间的交往过程。它是社会交往的一种基本方式，能为学生学会生存、学会做人打下坚实的基础。

（三）探究学习的内涵

探究学习是指学生通过类似于科学探究活动的方式获取科学知识，并在这个过程中学会科学的方法、技能和科学的思维方式，形成科学观和科学精神。探究学习主要包括以下三个方面的含义：

1. 问题性

问题即课题。通过探究学习解决问题，是贯穿于学习的主线。发现问题、提出问题、分析问题和解决问题的过程，是学生形成科学思维的有效途径。

2. 过程性

课题的探究学习不仅强调要有结论，更要注重研究的过程。探究式学习的过程有时比结论更重要。在研究过程中，学生的综合知识得以巩固，解决问题的能力大幅度提升。学生科学研究的方法，如质疑、判断、比较、选择、分析、综合、概括等都能得以培养。

3. 开放性

新课程理念要求教师必须为学生的探究学习提供一个宽松、和谐、民主的学习氛围，只有这样学生才能主动、积极地学习。

二、学生自主、合作、探究学习的必然性

高中学生实行自主、合作、探究式的学习方式是由主客观两个方面的因素决定的，因而有其必然性。从主观上来看，高中学生无论是身心发展还是知识储备，都已经具备了主体探究学习的条件，他们克服困难、战胜困难的意志品质也有了长足的提升。同时，他们已经具备了很强的团队精神，其沟通交流的意识也有了明显提高。从客观上来讲，首先，主体合作探究式的学习方式顺应了新课程理念。

新课程理念所倡导的学生观认为：学生不是被人塑造和控制、供人驱使和利用的工具，而是有其内在价值的独特存在。每一个学生既是具有独特性、自主性的存在，又是关系中的存在。学生首先是人，是需要走向生活的人。学生是"文化遗产中的人"；学生是"生活世界的人"；学生是"时代中的人"；学生是"世界背景中的人"。

新课程理念所倡导的发展观认为：教育以学生发展为本。要关注全体学生的发展，学生个性特长的发展，学生终身持续的发展。同时，要一切为了学生，高度尊重学生，全面依靠学生。

新课程理念所倡导的学习观认为：学习者不是被动的旁观者，而是自主的参与者。学习不是简单复制和印入信息，而是主动解释信息、建构知识。教学不是产品的传递，而是创设一定的条件促进学生主动建构知识。学习者的学习是第二次创造，自主理解就是创造。知识是在自己先前经验的基础上建构起来的。知识是学习者在特定情境下建构起来的。知识来源于生活情境和实践，具有一定的感性经验或生活中的"对应物"。学习的结果不仅在于知，而且在于信，在于课内知识与生活经验的统一。

其次，自主、合作、探究式的学习方式迎合了世界发展的趋势。联合国教科文组织于 1996 年提出了教育的四大发展目标：学会学习（Learning to know）；学会做事（Learning to do）；学会共处（Learning to live together）；学会生存（Learning to be）。即在教学中更重视对学生学习方法的指导，切实提高学生的学习素质和学习能力，使学生有较强的获取知识、更新知识的能力。这也是自主、合作、探究式的学习方式所倡导和注重的。

第二节 "SCE 项目教学系统"中的学生学习策略

一、培养学生自主学习的策略

(一)自主预习,达成使能学习目标

所谓使能学习目标是指从原有知识基础到达终点教学目标所需要的子目标。要掌握一定的终点教学目标,就需要一定的知识和技能的条件,如果学生不具备这些必要的知识和技能,对于这些学生而言,他们就不可能达到终点教学目标。这些必要的知识和技能是实现终点目标的使能目标。让我们一起来看下面这个例子:

案例 1 目标分析(张元幹《卜算子》)

卜算子

风露＼湿＼行云,沙水＼迷＼归艇。

卧看＼明河＼月满空,斗挂＼苍山顶。

万古＼只＼青天,多事＼悲＼人境。

起舞＼闻鸡＼酒未醒,潮落＼秋江冷。

假定终点目标是:

1. 能解释这首词中的词语(例如"湿"、"迷")的意思;

2. 能评析"起舞闻鸡酒未醒,潮落秋江冷"表达了作者怎样的思想感情?

使能目标是:

1. 了解作者及其写作背景(背景知识);

2. 知道"起舞闻鸡"来自"闻鸡起舞",以及这成语含义(事实性知识)。

对于高一学生,起点知识技能应该是:

1. 没有不识的字(事实性知识);

2. 能正确切分词语并进行朗读(基本阅读技能);

3. 能利用句法知识推测"卧看明河"和"起舞闻鸡"两句所缺的主语(基本阅读技能)。

学生自学预习案并回答练习题，教师适度串讲。师生共同达成使能目标，为新知识的学习扫清知识障碍。

预习案是备课组教师们共享式备课的集体智慧的结晶。一般来说，教师通常先确定学习目标并分析学习任务，得出使能目标后再编制预习案。预习案的自学一般安排在课内的"注意与预期"之后。教学中，我们将这一环节称为"前置补偿"。

奥苏贝尔曾强调指出，"假如我把全部教育心理学仅仅归结为一条原理的话，那么，我将一言以蔽之曰：影响学习的唯一最重要的因素就是学生已经知道了什么，要按照这一点并应据此进行教学"。从心理学角度上讲，预习案起到了激活原有知识的作用；从学科教学来说，预习案学习则是为新知识的学习做了"铺垫"。因此，编制预习案时，对起点知识要把握准，设置的练习要有巩固性，这样才能确保绝大多数学生能激活原有知识。

（二）自主学习，助推学习目标达成

《智育心理学》认为：广义知识学习分为"知识的习得阶段""知识的巩固与转化阶段""知识的迁移与运用阶段"三个阶段。"知识的习得阶段"包括注意与预期、激活原有知识、选择性知觉、新信息进入原有命题网络四个步骤。

"选择性知觉"学习的心理规律则要求教师提供"精心组织的材料"，即"先行组织者"（advanced orgernizer）。材料必须具有逻辑意义，即反映人类的认知成果。

对"先行组织者"的学习，我们也是让学生自学完成的。在有知识基础和教师提供的有意义的学习材料的前提下，大部分学生都能通过自学习得新知识。研究表明，我校有 70% 以上的学生都是较强的自学者。

让我们一起来看下面这个例子：

案例 2　二项式定理的推导

1. 推陈出新：写出下列二项式的展开式

$(a+b)^1 = $ _____

$(a+b)^2 = $ _____

$(a+b)^3 = $ _____

2. 存疑设问：$(a+b)^4 = (a+b)(a+b)(a+b)(a+b) = ?$

请独立思考下列问题，自主探究后与小组成员交流答案。

思考（1）：$(a+b)^4$ 展开后都有哪些项？

思考（2）：各项前的系数代表着什么？

思考（3）：你能用组合数来说明各项前的系数吗？

3. 突破难点：请把以上三个问题的答案填写在下面的表格中，并尝试不通过计算写出 $(a+b)^4$ 的展开式。

项					
小括号中	↑ 0 个取 b ↓	↑ 1 个取 b ↓	↑ 2 个取 b ↓	↑ 3 个取 b ↓	↑ 4 个取 b ↓
系数					

所以：$(a+b)^4 = $ _____

4. 大胆猜想：$(a+b)^n = ?$ $(n \in \mathbf{N}^*)$

5. 形成新知：

(1) 二项式定理：$(a+b)^n = $ _____

二项式系数规律：_____。

指数规律：① 各项的次数均为_____次；

② 二项展开式中 a 的次数（变化规律）_____，

b 的次数（变化规律）_____。

项数规律：展开式共有_____项。

(2) 二项展开式的通项公式：$T_{r+1} = $ _____，$(r = $ _____$)$

二、培养学生合作学习的策略

合作学习是指学生在小组或团队中为了完成共同的目标与任务，有明确的任务分工的互助性学习。它是在承认课堂教学为基本教学组织形式的前提下，教师以学生学习小组为重要的教学组织手段，通过指导小组成员展示合作成果，发挥群体的积极功能，提高个体的学习动力和能力，达到完成特定的教学任务的目的。真正的合作学习，其实是以教学目标为导向，以异质小组为基本组织形式，以教学各动态因素为互动合作的动力资源，以团体成绩为激励依据的一种教学活动和策略体系。

合作学习的主要承担者是学习小组。我校的学习小组根据学习地点的不同又分为课堂学习合作小组和宿舍生活合作学习小组两种。

多年的教学管理实践告诉我们，合作学习一般在知识习得阶段最后一环出现频率较高，即"新信息进入原有命题网络"的知识巩固与转化阶段和知识迁移和运用阶段。

科学取向教学论倡导"以学定教"。学生有自己独立的学习过程，教师的"教"只是为学生提供必要的帮助和教学策略。所谓教学策略是指教师为达成教学目标而制定的教学程序计划和采取的教学实施措施。这样一来，合作学习应运而生。尤其当学生自主学习后、不能或无法解决问题后，合作学习的作用得以凸显。科学取向教学论指导下的广义知识学习模型的实践研究表明，合作学习有两种形式，一是生生合作，二是师生合作。

1. 生生合作，解疑释惑

当学习过程由"选择性知觉"进入"新信息进入原有命题网络"时，可以通过生生合作的形式来解疑释惑。让我们一起来看下面这个例子：

案例 3　《两角和与差的余弦》生生合作课堂实录

学习目标：

1. 会用向量法推导两角差的余弦公式；能用换元法求两角和的余弦公式；

2. 熟记两角和与差的余弦公式；

3. 简单应用两角和与差的余弦公式求值；

4. 灵活运用两角和与差的余弦公式求值、化简、证明。

学习重点：两角和与差的余弦公式推导和应用。

学习难点：用向量推导两角差的余弦公式以及公式的灵活运用。

前面我们推导出了 $\cos(\alpha-\beta)$

问题：能否用 α，β 的正余弦来表示 $\cos(\alpha+\beta)$，怎么表示？

分小组讨论，要求：踊跃发言，推导出公式并展示所用方法；总结两组公式的特点。

小组 1

生 1：这个公式与老师刚刚推导的公式就差一个符号，减号变成加号，我们能不能用刚才的方法呢？（共同推导）

生 2：（画出图形，展示）不可能，对比 $\cos(\alpha-\beta)$ 的推导，是应用了数量积的运算和向量的夹角，而 $\alpha+\beta$ 没办法与夹角相对应。

生 3：那就不能从向量入手了。

生4：那我们能不能用老师刚刚推导出的公式呢？

生5：对，我们可以把 $\alpha+\beta$ 看成 $\alpha-(-\beta)$，把 $-\beta$ 看成一个整体。

生6：对，这不就是老师讲过的换元法吗？（共同推导）

生1：最后的形式出现了 $\cos(-\beta)$；$\sin(-\beta)$，与第一组公式形式不同。

生3：用我们学过的诱导公式应该可以解决啊。

生1：对，这样一来只是中间符号不同，两边是一样的。

生2：这样公式的特点就比较明显了，和角与差角展开为单角，中间符号相反。

生6：加上函数名，我们可以总结为余余正正，符号相反。

讨论结束，整理总结，组长指定生4展示发言。

2. 师生合作，运用记忆规律

（1）记忆术的概念和作用

记忆术是记忆的窍门和方法的总称，是指一种通过给记忆材料安排一定的联系以帮助记忆并提高记忆效果的方法。事实证明，人与人之间记忆方法间的差异主要是由于处理材料的做法不同而引起的。研究亦发现，所谓记忆高手并非天生，他们的确掌握了一些记忆的有效方法。好的科学记忆方法能使学生学习事半功倍，迅速提高学生的学习效率。所以在教学中，教师必须主动引导学生运用记忆术提高学习质量。

（2）发现记忆方法

当陈述性知识进行到"巩固与转化"的第二阶段时，学习过程是"认知结构重建与改组"，教师提供的教学策略是"对复习与记忆提供方法指导"。一般情况下，教师不应直接提供记忆策略，而是要启发和诱导学生，和学生共同找到记忆方法。让我们一起来看下面这个例子：

案例4　《元素周期表的应用》知识记忆课堂实录

《元素周期表的应用》一课中，有两个重要知识点：元素失电子能力强弱和得电子能力强弱的判断方法，要求学生熟练记忆。为了有效地完成这个教学目标，课堂中需要用不同的策略帮助学生进行记忆。下面是这节课关于这两个知识点教学的课堂实录。

······

【师】：如何通过实验验证金属失电子能力的强弱？请大家看课本P21方法导引。

【生】：将方法导引大声阅读一遍。

【多媒体展示】：方法导引一（教师带领学生共同读一遍）。

【生】：设计实验方案验证钠、镁、铝元素原子失电子能力的强弱。

组织学生分组讨论，设计实验方案，并讨论其可行性，然后实施实验。

【多媒体展示】：实验方案（教师要注意观察，给学生实验操作帮助和指导）。

实验后，学生交流。

【设问】：钠、镁、铝与水、盐酸的反应情况怎样？结论如何？

【学生总结】：1. 金属单质与水或酸置换氢气越容易，元素原子失电子能力越强；2. 最高价氧化物对应水化物碱性越强，元素原子失电子能力越强。

【生】：1分钟记住上述结论，组内结对互查。

【师】：提问3~4人（组内B级C级学生）。

【即时检测】：下述事实能够说明铝原子失电子能力比镁弱的是（　　）。

A. 铝原子最外层电子多

B. 铝与浓硫酸发生钝化，镁与浓硫酸可以反应

C. 表面积基本相同的铝条和镁条与稀盐酸反应，镁条剧烈

D. 氢氧化镁和氢氧化铝都难溶于水

（设计意图：本部分内容，通过学生大声阅读→老师带领学生阅读→实验验证→学生记忆→组内互查→教师提问→即时检测等策略帮助学生记忆，先使学生形成感官认识，通过实验使学生知道其规律，增强记忆，再留时间强化记忆，通过小组互查、教师提问检测学生记忆效果，最后通过习题反馈来检验学生的掌握情况。该过程，循序渐进，已达到最佳效果。）

【师】：我们又如何判断硅、磷、硫、氯四种非金属元素原子的得电子能力强弱呢？请大家看课本P22方法导引。

【生】：将方法导引大声阅读一遍。

【多媒体展示】：方法导引二（教师带领学生共同读一遍）。

指导学生阅读教材"阅读探究"，培养学生收集资料，获取证据，分析问题的能力。

【学生思考】：1. 硅、磷、硫、氯四种非金属单质与H_2反应的条件分别是什么？

2. SiH_4、PH_3、H_2S、HCl的稳定性从强到弱的顺序是什么？

3. 硅酸、磷酸、硫酸、高氯酸酸性强弱如何？

小组讨论，然后由学生代表回答上述三个问题。

【多媒体展示】：硅、磷、硫、氯四种非金属元素的最高价氧化物对应水化物的酸性强弱和单质与氢气化合的难易以及气态氢化物的稳定性。

【学生总结】：1. 非金属单质与氢气越容易化合，元素原子得电子能力越强；2. 非金属的气态氢化物越稳定，元素原子得电子能力越强；3. 最高价氧化物对应水化物酸性越强，元素原子得电子能力越强。

【生】：2 分钟记住上述结论，组内结对互查。（对比金属失电子能力的判断方法）

【师】：提问 3～4 人（组内 B 级 C 级学生）。

【即时检测】：1. 下述事实能够说明硫原子得电子能力比氯弱的是（ ）。

A. 硫酸比盐酸稳定　　　　　B. 氯化氢比硫化氢稳定

C. 盐酸酸性比氢硫酸强　　　D. 硫酸酸性比高氯酸弱

2. 电子层数相同的三种元素 X、Y、Z，它们最高价氧化物对应水化物的酸性由强到弱的顺序为：$HXO_4 > H_2YO_4 > H_3ZO_4$，下列判断错误的是（ ）。

A. 原子半径 X＞Y＞Z

B. 气态氢化物稳定性 X＞Y＞Z

C. 元素原子得电子能力 X＞Y＞Z

D. 单质与氢气反应难易 X＞Y＞Z

（设计意图：本部分内容，处理方式和前一部分基本相同，不同的在于这一部分没有实验，只能通过"阅读探究"和"概括"使学生获取有效信息，并且培养学生自学能力以及获取并整合信息的能力，这也是帮助学生记忆的策略之一。另外，这一部分可以利用比较记忆法，对比金属失电子能力的判断方法来记忆非金属得电子能力的判断方法。）

3. 师生合作，构建知识网络

知识网络图又称概念关系图或认知地图，是由美国康奈尔大学的著名心理学家诺瓦克和高温基于奥苏伯尔的概念同化理论于二十世纪八十年代初期首次提出的。它实际上是一种由节点和连线组成的知识之间关系的接头特征，是一种表征、检查、修正和进一步完善个体知识结构的认知工具。知识网络图实际上是一种非常有效的分析学习者的知识结构特征和组织教学的有效方法，又是一种帮助学习者建立良好知识结构的教学策略和学习策略，同时又是一种调节认知、反思学习过程的智能化的工具和方法。①

知识网络图的构建运用被广泛运用在高中各学科的教学中，对学生整体把握某一学科的部分和完整的知识体系，都起着非常重要的作用。我们一般采用师生共同合作形式构建知识网络。让我们一起来看下面两个例子：

案例5 《地理环境的整体性和差异性》复习课

背景："SCE项目教学系统"下的高三地理复习课要求按照"导入—梳理—典例—练习—总结"的流程具体实施复习。网络构建环节的实施有利于提高学生复习效率。

（课堂实录）

师：呈现励志诵读材料，激情导课。

生：高声，激情诵读，调动学生学习热情。

师：出示高考四要素（课标、考纲、考点、考题）成果，明确二维框架知识目标，教师重点点拨，引起学生注意。

生：齐读学习目标，明确复习重点。

师：（呈现自然地理环境各要素间的相互关系示意图）设问：同学们，自然地理环境的五大要素是什么？

生：气候，地貌，水文，生物，土壤。

师：好，请大家阅读以下两则材料来思考：各自然地理要素之间有怎样的关系？

呈现材料一：

我国西北内陆地区由于距海远，海洋暖湿气流难以到达，形成了干旱的大陆性气候，由于气候干旱，降水少，所以地表水少，多为内流河，由于气候干燥，流水作用微弱，但风化作用强，形成了大片戈壁和沙漠，气候变化会导致植被稀少。

生1：牵一发而动全身。

师：哪位同学有不同意见？

生2：各要素之间相互联系、相互影响，构成有机整体。

师：对，五大自然要素相互联系、相互影响，构成了我国西北内陆的

---

① 引自《陕西师大学报》（2004年4月6日）的文章《知识网络图——一种有效的教学设计方法和工具》，作者是张文兰。

景观特点。那么，什么是"牵一发而动全身"呢？

呈现材料二：

2009年10月17日，印度洋岛国马尔代夫首次在水下召开内阁会议。由总统纳希德亲自主持，十四名内阁部长参加。他们戴上水下呼吸装置，潜入深约6米的海水中进行会议。马尔代夫此次召开水下内阁会议的目的是引起国际社会关注，提醒人们全球气候变暖对岛国造成的影响，告知人们低地岛国面临的危险和困境。

生：全球气候变暖引起低地岛国被淹。反映了地理环境各要素之间的相互制约，即"牵一发而动全身"。

师：说得非常好，这就是地理环境整体性的表现：

（呈现整体性的知识网络）

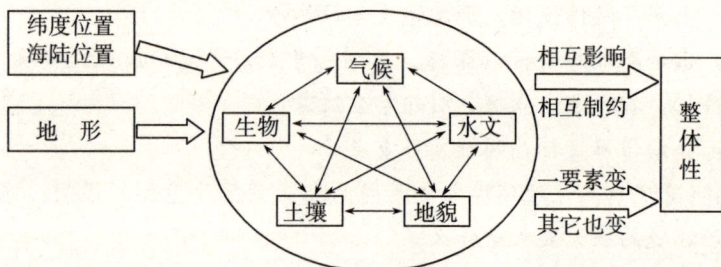

师：我们一起来看看高考中是从哪些层面和角度来考察整体性的。（出示高考题）

（2016课标Ⅰ）某科考队8月考察堪察加半岛，考察中发现，堪察加半岛北部发育苔原，南部生长森林；东西向气候区域差异显著；大型植食性和肉食性野生动物数量较少，但冬眠杂食性且善捕鱼的熊的数量较多；大量来自海洋的鲑鱼溯河流而上，成为熊的重要食物。图1示意堪察加半岛的地形。

（1）分析堪察加半岛大型植食性和肉食性野生动物数量较少的原因。（10分）

生1：堪察加半岛纬度高，气候寒冷，不利于生物生存。

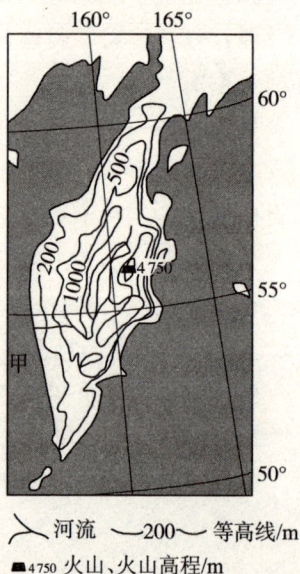

图1

生2：堪察加半岛南北向山脉纵贯其中，动物的生存空间小。

生3：还有冬季漫长，植物生长慢。

师：同学们回答得很好，能从气候，地形，植被等角度入手来分析问题。地理环境各要素是相互联系、相互影响的。

误区：地理环境各要素之间相互联系、相互影响，核心是五大要素，特征是并列关系，而"牵一发而动全身"是递进关系。

过渡：呈现热带沙漠和热带雨林两张景观图片，设问：以上两组图片说明自然地理环境具有什么特点？

生：自然地理环境的差异性。

师：很好，地域分异规律的直接反应是自然带分布，自然带的标志是植被，而植被类型与分布的最重要影响因素是气候，因此自然带的分布和变化与气候类型密切相关，具体分析如图所示：（呈现气候类型与自然带的分布对应图，要求3分钟记熟）

生：背诵气候类型与自然带的分布。

师：检查背诵情况。

（出示非洲自然带分布图，我国丝绸之路及从南北两坡攀登喜马拉雅山脉路线图）

师：同学们，仔细观察以上图片，找出（沿途经过的）自然带，并分析自然带的延伸方向及更替方向。

生1：非洲自然带有热带雨林带、热带草原带、热带荒漠带，亚热带常绿硬叶林带，他们东西延伸，南北更替。

生2：丝绸之路经过温带落叶阔叶林带，温带草原带，温带荒漠带等，他们南北延伸，东西更替。

生3：喜马拉雅山脉的自然带南北坡差异大，他们是水平延伸，随海拔高度变化更替。

师：观察的非常仔细，其实这就是地理环境差异性的重要表现——三种地带性：纬度地带性、经度地带性、垂直地带性。

（呈现地理环境差异性的知识网络）

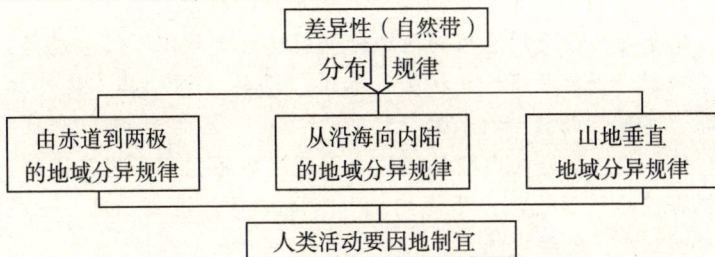

师：我们一起来看看高考中是从哪些层面和角度来考察差异性的。（出示高考题）

（2013 课标Ⅰ）图 1 为 45°N 附近某区域的遥感影像，其中深色部分为植被覆盖区，浅色部分为高原荒漠区；终年冰雪覆盖的山峰海拔 3 424 米，距海约 180 千米。读图，完成 4—5 题。

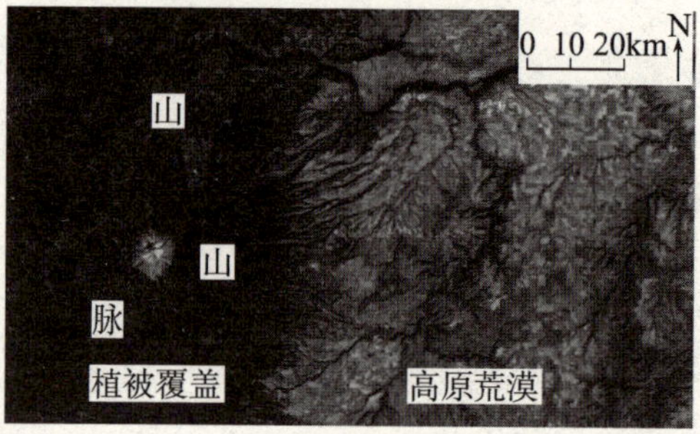

图 1

4. 导致图示区域内降水差异的主导因素是（　　　）

A. 大气环流　　　　　　　　B. 地形

C. 纬度位置　　　　　　　　D. 洋流

5. 该区域中山脉西坡山麓的自然植被属于（　　　）

A. 常绿阔叶林　　　　　　　B. 常绿硬叶林

C. 针阔叶混交林　　　　　　D. 草原

生 1：第 4 题选 A。

生 2：不对，应该是 B。这里的降水差异是山脉西侧迎风坡降水多，东侧处于背风坡，降水少。

师：很好，读图非常细致。

生 3：第 5 题选 C，由所处纬度决定的地带性植被。

师：正确，这道题容易出错，需要用优选法。

（方法指导：水平地域分异规律的判断方法）

水平地域分异规律主要包括由赤道到两极（纬度地带性）的地域分异规律和从沿海向内陆（干湿度地带性）的地域分异规律。

（1）在分析由赤道到两极的地域分异规律时可按以下思路进行：

太阳辐射——→热量带——→植被：赤道（雨林、阔叶林、硬叶林、针叶林、苔原、冰原）两极——→土壤

（2）在分析从沿海向内陆的地域分异规律时可按以下思路进行：

来自海洋的暖湿气流：沿海内陆——→降水量：沿海内陆——→植被：沿海内陆——→土壤：沿海内陆

总结：我们把本章复习的重点知识及重要方法都囊括到了以下这幅网络图中，希望同学们认真学习、领会。

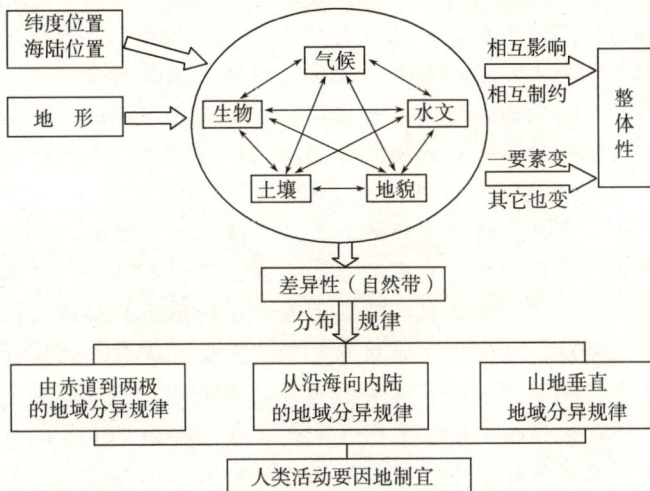

案例6 《文化对社会的作用》复习课课堂实录

【构建知识体系】文化对社会的作用

学生：（自主构建）以文化对社会的作用为核心，在学案相应位置自主构建知识体系。

（要求：1. 明确中心词；2. 条理清晰，内容全面，突出重点；3. 注意知识间的联系，把握层次，各要点写出关键词；4. 独立完成，时间，3分钟）

学生：（合作探究）小组合作探究，组内相互交流，完善知识体系。小组投影体系展示。

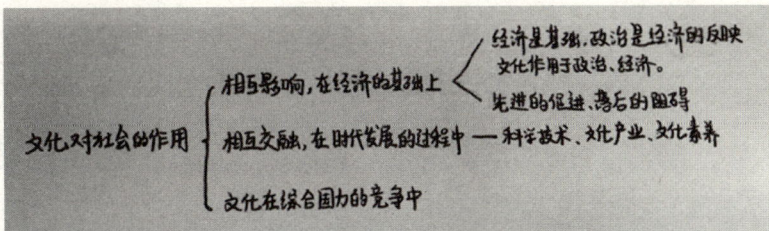

学生：其他小组补充完善。5组补充：文化与经济相互影响应该从经济政治决定文化和文化对经济政治的反作用两层分析；3组补充：文化与经济相互交融里面还应加上教育事业、人才、劳动者素质还有文化消费、文化生产力；7组补充：相互交融应该分为文化与经济、文化与政治相互交融两个方面。

教师：（点评学生体系）通过刚才的展示和各小组的补充，关于文化对社会的作用的知识越来越完善。大家能够按照课本顺序来梳理知识，但知识体系不仅是对知识的简单罗列，更应该以中心词为核心，把握知识间的联系，注意知识的层次性，这样有利于对知识的记忆。例如文化对社会的作用，（1）从文化作用的总述，文化与经济、政治的关系，文化与综合国力的关系三个层次来分析是第一层次；（2）文化与经济、政治的关系又分为两层：文化与经济、政治相互影响，文化与经济、政治相互交融。这是第二层次；（3）文化与经济、政治相互影响又表现在两个方面：经济、政治决定文化，文化反作用于经济、政治。这是第三层次；（4）文化的反作用又表现在两方面：先进的和落后的。这是第四层次；（5）同样作为第三层次的文化与经济、政治相互交融又进一步细化为第四层次的文化与经济相互交融的表现、文化与政治相互交融的表现。所以知识体系的构建必须是层层递进、环环相扣的，这样的体系容易加深理解，牢固记忆。（出示相对规范的知识体系，给学生参考）大家在完善知识体系的时候一定要注意不同形式的序号和字体的颜色，注意分层次并注意对每一层关键词语的掌握。

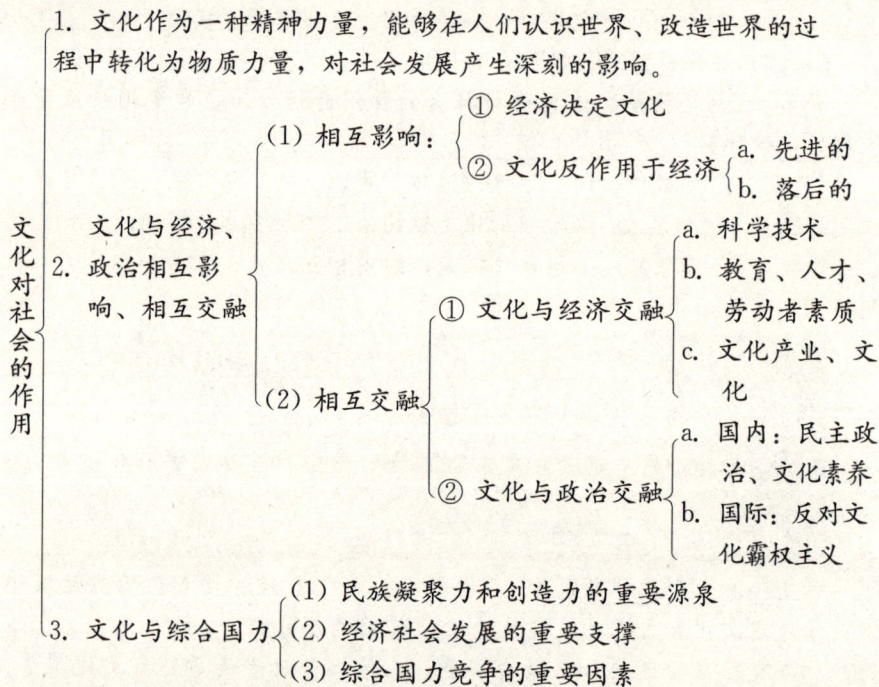

1. 文化作为一种精神力量，能够在人们认识世界、改造世界的过程中转化为物质力量，对社会发展产生深刻的影响。

文化对社会的作用

2. 文化与经济、政治相互影响、相互交融

（1）相互影响：
　① 经济决定文化
　② 文化反作用于经济
　　a. 先进的
　　b. 落后的

（2）相互交融
　① 文化与经济交融
　　a. 科学技术
　　b. 教育、人才、劳动者素质
　　c. 文化产业、文化
　② 文化与政治交融
　　a. 国内：民主政治、文化素养
　　b. 国际：反对文化霸权主义

3. 文化与综合国力
（1）民族凝聚力和创造力的重要源泉
（2）经济社会发展的重要支撑
（3）综合国力竞争的重要因素

学生：依据教师出示的知识体系，整理修改完善自己的知识体系。在修改的基础上，分层次并抓住每层的关键词记忆。

（设计目的：通过此环节让学生将零散的知识系统化、层次化，由点及面，织线成网，掌握知识内容的总体框架，做到既抓点带面，又以面扶点。同时把握每一层次的关键词进行记忆，加深对知识的理解记忆。）

【情境分析】分析材料，运用知识，加深记忆

教师：说到中国的重大盛会，不得不提到上海世博会和16届广州亚运会。（出示图片，展示盛会状况）这次盛会的召开会给上海、广州乃至中国带来什么影响呢？通过两次盛会，又能反映出文化对社会的起到哪些作用呢？

材料一：2010年10月31日，上海世博会圆满结束。世博会山东馆接待观众660万人，平均日接待3.6万人，居各省市区展馆之首。山东馆"镇馆之宝"孔子像最受游客喜爱，游客总到像前合影，向古代先哲表达深情致意，期盼传统人文精神向未来延伸。据初步统计，世博会给山东直接带来的收益可达2.5亿元，将大大促进山东文化产业的发展和"文化强省"战略的实施。

材料二：第16届亚运会将于11月12日在广州开幕。本届亚运会会徽设计以柔美上升的线条，构成了一个造型酷似火炬的五羊外形轮廓，象征着亚运会的圣火熊熊燃烧、永不熄灭。既激励着运动员不断追求"更高更快更强"的奥运目标，又体现了广州积极奋进、不断追求的城市形象。广州市为举办亚运会投入了大量资金，有力带动了基础设施、服务业、音像制品产业、体育产业等多个产业的发展，这一带动作用在亚运会期间及后亚运时代将更加显示出来。

探究问题：运用文化对社会的作用，分析两次盛会对山东、广州带来了哪些影响？

学生：自主思考2分钟，圈点勾画材料的关键词，写出自己的答题思路。

学生：小组合作探究，组内交流观点，完善思路和答案要点。小组展示发言，小组之间相互补充，完善思路。

教师：引导学生分析解题思路，圈点勾画材料的关键词，帮助学生加深对知识点的理解记忆。具体分析如下：

（1）审设问，抓住知识范围，明确该题考查文化对社会的作用，所以先答总述1+材料：

文化作为一种精神力量，能够在人们认识世界、改造世界的过程中转化为物质力量，对社会发展产生深刻的影响。世博会、亚运会的举行对上海、广州乃至中国的发展都将会产生深刻的影响。

（2）分析材料，抓住材料中的"世博会将大大促进山东的发展"联想到这是知识体系中 2（1）②a 先进文化对经济的作用，进一步倒推要回答文化与经济相互影响，所以答：

文化与经济、政治相互影响，先进的、健康的文化会促进社会的发展。两次盛会的举办将会促进两地的发展。

（3）抓住材料中"经济效益""文化产业""多个产业"等关键词，联想到这是知识体系中 2（2）①c 文化产业迅速崛起，文化消费更加丰富，文化生产力在现代经济的总体格局中的作用越来越突出。进一步倒推出这是文化与经济相互交融的表现，所以运用知识答题：

文化与经济、政治相互交融。文化产业迅速崛起，文化消费更加丰富，文化生产力在现代经济的总体格局中的作用越来越突出。世博会给山东带来直接经济效益，大大促进山东文化产业的发展；而亚运会的举行也将会带动相关产业的发展，提高广东文化生产力。

（4）抓住材料中的"文化强省"等词联系知识体系中 3 文化对综合国力的影响，所以答：

文化越来越成为民族凝聚力和创造力的重要源泉，越来越成为综合国力竞争的重要因素。世博会、亚运会的举行有利于提高城市的综合竞争力，有利于提高国家的综合国力。

教师：出示参考答案，引导学生整理答案。注意答案要点化、要点层次化。在整理的过程中注意将材料的关键词放到知识体系中理解，找到与此相关的知识要点，加深记忆。

学生：依据答案要点整理，规范答题，巩固记忆。

（设计目的：通过此环节，设置一般情境，让学生在分析材料的过程中，圈点勾画关键词联想知识记忆，注意将材料的关键词放到知识体系中理解，找到与此相关的知识要点，再倒推其他知识，分层次把握知识，加深对知识的理解记忆。）

三、培养学生探究学习的策略

探究学习是在学生的主动参与的前提下，根据自己的猜想或假设；在科学理论指导下，运用科学的方法对问题进行研究，在研究的过程中获得创新实践能力，获得思维发展，自主构建知识体系的一种学习方式。

探究学习会使学生学习方式发生根本转变。当学生的学习方式由过去主要听从教师讲授，从科学概念、规律开始学习转变为通过各种事实来发现概念问题的时候，他就要做出各种猜测，要想办法寻找问题的答案。在解决问题的时候，要对问题进行推理、分析，找出解决问题的方向，然后再通过观察、实验来收集事实，或通过其他方式（如查阅文献资料，检索等）得到第二手的资料，通过对获得的资料进行归纳、比较、统计、分析，形成对问题的解释。最后通过讨论和交流进一步理清事实，发现新问题，对问题做更深入的研究。

探究学习有利于发展学生的主体性；有利于学生自主地学习，使人类群体的智力资源有效转化为个体智力资源；有利于培养学生的可持续发展的能力，使学生学会学习；有利于培养学生的创造精神。

在科学取向教学论的指导下，我校学生的研究性学习是按照项目合作、自主探究的方式进行的。基本流程是："项目合作组成立—课题确立—实验论证—教师指导—成果交流等"。主要包括物理、化学、生物三个学科的实验探究学习及社会实践性学习。

1. 成立项目合作组

每个探究学习项目合作组一般4～6人构成为宜。学生自由进行探索学习为主，教师安排为辅。

2. 确定研究课题

从学校确定的学科领域和社会实践中选择可以研究的课题。课题易小不易大，应具有挑战性。研究效果以学科知识、能力等为主，淡化社会效益。

3. 实验论证

实验论证是指探究学习项目合作组或通过取样实验，或通过查阅资料，或通过咨询专家等方式对研究课题进行课题论证。

4. 教师指导

探究学习虽说是一项以学生为主的科学探究活动，但教师的指导必不可少。教师既要在探究学习前带领学生进行系统性理论学习，又要在课题研究过程中指导学生的实践操作，还要在课题研究结题中指导学生进行材料写作等。

5. 成果交流

探究学习（课题研究）结束后，学校应组织成果交流展示、评价比赛等活动，以激发学生探究学习的主动性，使活动向规范化与纵深发展。

探究学习中应注意的策略包括以下几个方面：首先，探究学习的主体是学生；其次，探究学习离不开教师的指导；第三，探究学习要从问题或任务出发；第四，探究必须遵循学习过的研究方法。探究学习不仅能使学生获得知识，还能培养他们探究和创新能力，增强他们的情感体验，提高他们的情商。

附：《章丘五中关于推行学生自主合作探究学习的实施意见》

章丘五中关于推行学生自主合作探究学习的实施意见

新课程提倡"自主、合作、探究"的学习方式，让学生主动参与、乐于探究、勤于动手，培养学生搜集和处理信息的能力、获得新知识的能力、分析和解决问题的能力以及交流与合作的能力。自主、合作、探究学习是时代精神的反映，是以培养创新精神和实践能力为核心的素质教育的必然要求。

由此可见，今后的教学将更重视学生的自主性和合作性，小组合作探究学习是我校的亮点和特色，为不断提高我校的教育教学质量，结合我校的"SCE 项目教学系统"和"情商培养计划"，特制定本实施意见。

一、自主合作探究的概念

（一）自主探究

指学生有学习的主动权和选择权，对学习内容和学习过程具有自觉的意识和反应。

自主探究包括以下三方面含义。

1. 主动性

主动性是自主探究的基本品质，它表现为"我要学"，是基于学生对学习的一种内在需要。学生学习的内在需要，一方面表现为学习兴趣，另一方面表现为学习责任。学生有了学习兴趣，学习活动将事半功倍。学习责任表现为学生对学习的积极态度，树立高度的学习责任心是自主探究的前提。

2. 独立性

独立性是自主探究的灵魂，它表现为"我能学"。新课程要求教师正确引导学生发挥自己的独立性，从而培养学生独立学习和独立解决问题的能力。

3. 自控性

自主探究要求学生对为什么学习、能否学习、学习什么、如何学习等问题有自觉的意识和反应，它突出表现在学生对学习的自我计划、自我调整、自我指导和自我强化。在学习活动中，学生能够对自己的学习过程、学习状态、学习行为进行自我观察和调节，能够对自己的学习结果进行自我检查总结和评价补救。培养学生对学习的自我意识和自我监控能力，是促进学生自主探究的重要因素。

（二）合作探究

合作探究是以学生为主体，运用小组合作的形式组织教学，是生生、师生之间多通道网络立体式的相互交流，是有明确的责任分工的互相性学习。由于在合作学习中有学习者的积极参与，使教学过程远远不只是一个认知的过程，同时还是一个交互的过程。

1. 互动性

既有教师和学生之间的互动，也有学生与学生之间的互动，师生互动、生生互动充满整个课堂，是一种双边和多边活动。生生互动包括学生个体之间、学生个体与学生群体、学生群体之间的彼此互动。

2. 交往性

学习不仅是一种个体获得知识和发展能力的认识过程，同时也是一种人与人之间的交往过程。合作探究是主体之间的相互作用、相互交流、相互沟通、相互理解，其意义表现在，第一，促使知识增值。学生通过交往分享彼此的思考、经验和知识，丰富学习内容，求得新的发现。学习过程因此成为课程内容持续生成与转化、课程意义不断建构与提升的过程。第二，活跃学生思维。学习中的交往和互动有助于激发灵感，增强思维的灵活性和广阔性。

在合作探究中我们要求学生学会观察，学会倾听，学会质疑，学会尊重，学会交流。

二、为什么要推行自主合作探究

新课程赋予高中阶段的双重任务是：为大学培养合格的毕业生，为社会培养合格的建设者和接班人。学生发展的核心素养是：通过高中教育使学生具备终身学习的能力，独立自主研发的能力，培养学生的发散性思维、批判性思维和创造性思维。新课程要求我们的课堂让学生在参与中学会学习、学会合作、学会创新，从发现中寻找快乐，从解决问题中增强信心，从不断体验中获得新知。

"自主""合作"是指学习的组织形式。通过自主探究，凸显学习的主动性、独立性、自控性，弘扬学生的主体性和自主精神；通过合作学习凸显学习的互动性、交往性、分享性，培养学生合作的精神、团队的意识和集体的观念。通过自主合作探究学习，形成学生内在的学习动机、批判的思维品质和思考问题的习惯。

学会合作是中学生的核心素养之一，也是情商培养的重点之一。大数据统计调查显示：在诺贝尔奖设立的第一个 25 年中，合作研究获奖的人数仅占 41％，第二个 25 年里占 65％，第三个 25 年里占 79％。随着时代的发展，合作必然成为人类生活生存的最基本形式，教育将由传统的教学方式转变为侧重于学生合作的学习方式。作为新时代的高中生，必须学会与他人合作，学会接受老师科学的指导和同学善意的帮助，把自己融入班级和学校的大集体当中去，与他人建立起和睦相处的融洽关系。

三、如何引导学生进行自主合作探究学习

我校基于小组的"自主合作探究"课堂教学模式，充分尊重了学生学习的主动性和自觉性，开启了学生学习的新局面。这种学习模式建立在全新的学生观基础之上，为学生的全面发展创造了有利条件，它尊重学生身心发展特点和教育规律，尊重学生的独立人格，注重发挥学生的主体作用，注重构建平等、和谐的师生关系，既能帮助学生掌握更多的科学文化知识，又能锻炼学生各方面的素质与能力。

我校具体做法有以下几点。

（一）各种小组组建

1. 课堂合作学习小组组建

小组设置：每组 6—8 人。班主任首先根据本班学生的学习能力（综合考试成绩、学力水平、日常学习态度、行为表现、学科兴趣、个性特征等多方面因素，以成绩为主），将本班学生分成均等的 A、B、C、D 四层，然后依照每组 6 至 8 人的原则，班主任先从 A 层学生中两两选出，分布到不同的小组，再从 B 层学生中两两选出，分布到不同的小组（不与组内 A 层学生的优势学科冲突），C 层 D 层学生比照以上方法分组。使小组成员之间具有一定的互补性和个性化，为组内互助合作和小组间的公平竞争奠定基础。

合理分工，明确职责。选一名成绩好、责任心强、有一定组织能力的学生担任小组长，负责全组的组织、分工、协作、合作，每个小组还可以设立若干个学科组长，根据小组成员的意愿和学科特长担任，增强小组成员参与管理小组的意识和责任意识。

总体要求：配合老师课堂上的小组教学模式，对指定的学习内容讨论、总结出本组的答案和意见，在讲台上展示小组的学习成果，在老师引导下与其他小组进行交流。

组建课堂合作学习小组时，应尽量保证每个小组内的学生：第一，有学习成绩好的，有一般的，也有差的。第二，优势科目互补，有表达能力强的，有思维能力强的，也有动手能力强的。第三，有男生也有女生。

2. 学科学习小组组建

小组设置：选拔各科学习尖子组成学科学习小组，一人只参加一个小组。课代表为小组组长。

总体要求：

（1）每周轮流出一期简讯张贴在学习园地，提炼总结出本周各科重中之重的知识点，并且向同学们介绍学习方法、解题方法等。

（2）充当学科小老师。根据老师具体安排，在空档时间轮流给全班同学讲解知识点，时间不超过10分钟。

3. 生活学习小组组建

小组设置：以宿舍为单位，每一个宿舍即为一个生活学习小组，班主任分组时同样考虑 ABCD 四层学生构成，把宿舍建设成不仅是生活单元，更是一个学习单元。宿舍长即生活小组组长。

总体要求：

（1）任务分工：根据宿舍人数，每人负责一到两个学科。

（2）中午学习安排：各科负责人轮流在 12：20—12：30 提问、落实知识点。

（3）晚上学习安排：晚自习后，洗漱完毕，各科负责人将当天所讲内容向舍友汇报，巩固复习；或交流学习方法、学习经验。

（4）周日学习安排：周日下午提前回校，开展学习小组活动，每科负责人将在本学科本周内容给大家做简单回顾，不会内容互相交流。回校时间各宿舍自行安排，但至少应保证半小时的学习活动时间。

以上活动内容作为主要内容写入宿舍公约。

（二）小组自主合作探究学习流程

1. 自主探究

课堂自主探究主要包括自学预习和完成预习案。将老师基于"SCE项目教学系统"设计编制的导学案中的"预习案"作为引导学生学习的"红线"。

教师备课要布置预习内容及记忆内容,小组内各成员要独立完成预习。对预习中一些不懂的、模糊的知识点用红色笔标记出来,做学案时不要讨论,要独立思考,强化思维规范、解题步骤规范、答题语言规范、书写规范,强化运算的准确性。然后把疑难问题向上一层级组员请教,普遍性问题组内集体讨论解决。

班级内普遍存在疑惑的问题,则由学习组长反馈给课代表,课代表汇总后与任课老师沟通,由任课教师采取适当的方式解决(如小组长培训,集中讲解等)。

2. 合作探究

针对探究案中的知识点,进行小组合作探究,由任课教师分配任务给各小组。接到展示任务的小组做好积极准备,由学习组长指定组内一名组员进行展示(课堂展示主要由 B、C 层学生展示,以 B 层学生为主)。

没有展示任务的小组则根据课堂情况自主探究,如进行组内小展示,或者认真倾听、准备点评;当已掌握本节学习内容时,可以关注展示内容或演练展示内容,准备点评,在还没有掌握好本节内容的情况下,则继续学习。

小组展示的要求是:全面、完整,口头展示要声音洪亮,黑板展示要整洁、规范。有一题多解的情况,鼓励其他组申请同时展示。

3. 展示评价

展示后的点评工作主要由 A 层学生和教师负责完成。主要的形式有:学生自评、组内互评、组间评价、教师评价。点评的学生先对展示的内容进行判定,并同步做出总结和补充,补充不完善的环节或是其他解法,总结规律和方法,然后征询其他小组或教师的意见,完成点评过程。高效课堂通过展示、点评、质疑实现互动。

当老师在导学案的基础上宣布任务后,组内由学习组长迅速分工,组织组内讨论、交流,结合展示任务,指定成员展示。对于展示内容较多的情况,还要组织多人进行同时展示。这是同学间相互学习、共同促进的关键环节,同学们可以提出问题进行研究,可以提出不同观点进行争论,通过同学互助把思路打开,把问题搞明白。

(三)小组合作学习的基本要求

① 每个组员一定搞好各科的预习,以提高小组学习的效率。

② 小组讨论时，建议全体组员站立讨论，进入一种合作学习的状态。

③ 先保证独立思考的时间，然后开展小组讨论。独立思考是合作学习的前提。

④ 小组讨论的形式：结对讨论，互帮互学；自由发言，各抒己见；轮流发言，一人不漏。可由小组长安排，经常变换讨论方式。

⑤ 小组成员要积极主动发言，要注意从问题的不同角度去思考，不要人云亦云或不着边际，要有自己独特的见解，鼓励创造性的发言。要求每人一周内发言不少于 10 次（老师点名的不算），学科组长做好记录，每少一人次，扣所在小组 0.2 分。

⑥ 小组就是一个团队，不仅在小组学习上要争优秀，在纪律、卫生和安全等方面也要争创优秀小组。

⑦ 要选择适当的合作学习时机。合作学习是课堂学习的一种重要方式，但不是唯一方式；并不是所有的内容都适宜作合作学习。教师要根据学习内容、学习实际和学习环境条件等，选择有价值的内容、适宜的时机和适当的次数让学生进行合作学习。

2. 小组合作学习八项规范：

坐正立直，秩序井然；高效自学，积极发言；合作探究，质疑问难；团结互助，共同发展。

3. 小组合作学习八项技能：

学会倾听，学会记录、学会互学、学会展示、学会思考、学会质疑、学会合作、学会探究。

四、高效评价

在我校基于小组的"自主合作探究"学习中，高效评价是其中不容忽视、不可缺少的一个重要环节。对小组合作探究学习进行行之有效的评价，可以更好地达到以评促学的目的。

小组长：分管各科作业的收交、检查、记录，并及时将作业完成情况汇总公布，将成员作业完成情况登记到量化评比栏中。并负责统计一周中组内成员在该学科的发言次数并填好统计表。根据同学表现，评出每周、每月、每学期的小组学习之星进行评选。

宿舍舍长：每月统计本宿舍的量化卫生、记录扣分，选出本宿舍优秀个人。

任课教师：每节课根据小组的发言展示点评，选出本节课的优胜小组。各科课代表做好记录，一周汇总后，提交班主任。

班主任：每周都要根据评价表数据和小组表现评出优秀学习小组和优秀生活小组，并由优秀小组长介绍经验、推广经验，在此基础上评出每月的优秀学习小组和学期优秀学习小组。

级部：每月评选出星级班级，并对各班优秀学习小组、优秀生活小组、优秀小组长和高效学习之星进行评选。

章丘五中 2014 级Ⅱ部生活小组每周检查打分表

宿舍号	午休晚休 学习小组得分	纪律	卫生	早起情况 班主任打分	考试进步 名次得分	总计

章丘五中 2014 级Ⅱ部课堂学习小组学习情况打分表

学科 小组	语文	数学	外语	物理	化学	生物	备注1	备注2
1组								
2组								
3组								
4组								
5组								
6组								
7组								
8组								

每堂课中，任课教师要采取多种措施激励、评价学习小组的表现，促进优秀学习小组的建设。教师要善于鼓励，并随时注意观察讨论的气氛和组员的参与情况，用微笑、期待的目光或鼓励的话引导较少发言的同学发表意见。

教师的评价一定要有激励性、针对性、指导性和全面性。既要重视个人评价，又要重视小组集体评价，还要重视学习过程和学习结果的评价。同时，对学生的学习态度、学习习惯、合作学习的参与程度、积极性、创新性等也要给予恰当的评价，提倡人人参与，人人思考，人人展示。

通过小组自主合作探究，学生的思维都处于活跃、开放的状态，思维的不断碰撞将会形成"头脑风暴"，从而产生创造性思维，迸发出各种独特的想法和见解。

如今，小组合作学习理念已经深入全校师生之心，自主合作探究也逐步成为学生的重要学习思想，今后我们将继续结合我校的实情与新课程改革的要求，不断完善自主合作探究学习的模式，提高教育教学质量。

附：学生研究性学习课题

研究性学习论文

课题：自制营养豆浆

学校：章丘市第五中学

班级：2014 级 15 班

小组代号：141512

课题组组长：王俊杰

课题组组员：柏道福　姜泽元　牛达宁　彭倩倩

指导教师：沈瑞

【论文摘要】

这次研究性学习，我们选择了研究豆浆。

通过这次研究性学习，我们对豆浆有了全新的认识，了解了制豆浆前泡豆子的重要性，饮用豆浆时不能加鸡蛋、不能加红糖、不能空腹饮用等一系列"饮用秘诀"，知道了肾结石病人等人不适合饮用豆浆，也了解了豆浆还有健脑、美容、解暑等很多意想不到的功效……豆浆，注定成为人们所钟爱的健康饮品。

【关键词】

自制豆浆，饮用豆浆，豆浆功效，适宜人群。

【前言】

中华民族历史悠久，中华文化更是源远流长，各种令炎黄子孙引以为豪的发明创造数之不尽——豆浆便是其中之一。

豆浆，据悉由西汉淮南王刘安所制作，是中国汉族的传统饮品，受到广大华人的喜爱与追捧，在欧美还享有"植物奶"的美誉。鲜豆浆，是以大豆为主要原料加工而成的健康饮品，具有良好的保健功效，因此正被越来越多的人熟知和接受。同时，随着社会的不断发展，人民生活水平的不断提高，豆浆机逐渐走进普通百姓的生活，越来越多的人开始自制豆浆。

然而，您是否清楚如何自制营养豆浆？如何科学饮用豆浆？

为了让人们更好地了解豆浆，并学会如何科学地制作饮用营养豆浆，我们小组选择以"自制营养豆浆"为课题，希望能让豆浆真正成为人们日常生活中的必备营养品。

【论文正文】

研究经过

一、研究目的

学会如何自制营养豆浆，清楚豆浆的科学饮用方法，了解豆浆的适宜人群，清楚不同豆浆的不同功效。

二、活动安排

第一天～第三天：讨论活动计划及人员分工。

第四天～第六天：制作发放并回收一部分调查问卷，去书店查阅相关书籍。

第七天～第十天：制作发放并回收其余调查问卷，上网查阅资料，制作豆浆。

第十一天～第十四天：整理调查结果，填写发展报告单，制作 PPT，完成论文。

三、小组人员分工

	分工	成员
小组成员分工安排	制作调查问卷	柏道福
	发放并回收调查问卷、制作 PPT	姜泽元
	上网查阅资料	柏道福、彭倩倩
	去书店查阅相关书籍	彭倩倩、牛达宁
	制作豆浆、填写发展报告单	王俊杰
	讨论整理调查研究结果	全组成员
	撰写论文	牛达宁
	撰写参与研究的心得体会	全组成员
	拍照、摄影	王俊杰、姜泽元

四、资料获取方式

1. 问卷调查法：制作调查问卷，通过调查了解人们对豆浆的看法及了解程度等。

2. 文献调查法：去书店查阅相关书籍，获得真实可靠的信息。

3. 网络查找：通过网络，查找书籍中未找到的资料。

五、调查问卷及结果

1. 你平时喜欢喝豆浆吗？

A. 喜欢　　　　B. 一般　　　　C. 不喜欢

2. 你通常在什么时间喝豆浆？

A. 早餐时　　B. 午餐时　　C. 晚餐时　　　D. 睡觉前

3. 你大概多久喝一次？

A. 天天喝　　　B. 两三天　　C. 一周左右　　　D. 一周以上

E. 基本不喝

4. 你通常喝超市买的冲泡豆浆，还是豆浆机磨的鲜豆浆？

A. 冲泡豆浆　　B. 现磨鲜豆浆

5. 你清楚如何制作豆浆吗？

A. 清楚　　　　B. 不清楚

6. 你清楚如何科学饮用豆浆吗？

A. 清楚　　　　B. 不清楚

7. 你认为下列哪种豆浆口感可能更好?

A. 全豆豆浆   B. 核桃花生豆浆

C. 小米绿豆豆浆   D. 黑芝麻豆浆

E. 其他(如:　　　　　　)

8. 你认为什么时间喝豆浆最好?

A. 早上   B. 中午   C. 晚上   D. 睡前

9. 你认为豆浆对任何人都有益吗?

A. 是   B. 不是   C. 不是,而且知道什么人不适合喝

10. 你认为豆浆有哪些好处?知道不同种类豆浆的不同作用吗?

随机对社会上 50 人进行的问卷调查结果				
	A	B	C	D	E
1	68%	28%	4%		
2	92%	2%	4%	2%	
3	12%	28%	18%	38%	4%
4	6%	94%			
5	78%	22%			
6	66%	34%			
7	56%	24%	2%	16%	2%五谷豆浆
8	94%	0%	6%	0%	
9	26%	46%	28%		
10	人们对豆浆的好处了解不多,绝大部分人不清楚不同豆浆的不同作用。				

六、调查问卷结果分析

根据调查问卷的结果,我们进行了如下分析:

1. 豆浆虽然被很多人喜欢,但能坚持天天喝豆浆的人却很少,大部分人喝豆浆的时间间隔控制在一周内。(据问卷调查的实际情况来看,有一部分人表示,冬季喝豆浆的次数要多于夏季,原因在于夏季高温下不喜欢喝热饮。)

2. 绝大多数人认为早上喝豆浆更好,并这样做。

3. 自制的豆浆比超市买的冲泡豆浆更受欢迎。

4. 八成人表示清楚如何制作豆浆，近七成人表示清楚如何科学饮用豆浆，极少人清楚豆浆的功效。

5. 大部分人更喜欢最常见的全豆豆浆（黄豆豆浆）。

6. 人们往往不知道什么人不适合喝豆浆，有近三成人认为豆浆对任何人都有益。

针对以上结果，我们展开了进一步的研究调查。

【研究结果】

一、科学自制与科学饮用豆浆

准备食材时，一方面要选择饱满、完好、未腐败的豆粒，这样可以提高豆浆的口感与质量；制作前要将材料清洗干净，尽可能不要有杂质。另一方面，泡豆子也是一道必不可少的程序。制作前要浸泡至豆粒膨胀变软，豆子浸泡时间越久（未变质前提下），泡得越软，豆浆越好喝，豆渣越少。室温中，一般需将豆子浸泡6～12小时左右，温度越低，浸泡时间越长。室温较高时，为防止浸泡过程中豆子变质，可将豆子放入冰箱，或多换几次水；如果要缩短浸泡时间，可以使用温热的水。

豆浆的饮用也有一定的原则。首先，有些人喜欢向豆浆中加糖，那么喜欢加糖的人要注意了，最好在豆浆打好后再加糖，而不要先加糖再制作豆浆，而且最好不要加红糖，否则会破坏营养成分影响吸收；第二，根据调查报告结果来看，很多人选择早上喝豆浆，这一点是值得肯定的，但早上喝豆浆时，最好搭配面包、馒头等淀粉类食物一起食用，否则空腹喝豆浆会使大量蛋白质转化为热量，不能使豆浆中的热量得到有效发挥；第三，大豆中含有天然的毒素，所以不要饮用生豆浆，而且一定要煮熟煮透；第四，据了解，有部分人喜欢向豆浆中加鸡蛋，这种做法是不可取的，会影响人体对营养物质的吸收；最后，伴豆浆而生的被人们"嫌弃"的豆渣，实际上含有豆浆所没有的非常丰富的膳食纤维，所以，豆渣可以做成很多其他的佳肴，不要轻易"埋没"了它。

此外，豆浆虽然富含营养，但也并非适用于任何人。据调查，有胃病的人、肾结石和肾功能衰竭者、痛风的人都不适合喝豆浆，豆浆丰富的营养物质反而会成为这些病太多的"负担"。

二、豆浆的功效

众所周知，豆浆营养丰富，对人体有极大的益处——这也是它吸引人们的亮点之一。那么，豆浆具体有哪些功效呢？

据了解，豆浆中含有丰富的大豆蛋白，可以预防心血管疾病、高血压；豆浆中含有丰富的钙、磷、铁等物质，是理想的用于防止贫血病的食品；豆浆中的植物雌激素，可以延缓皮肤衰老，达到美容效果，大豆卵磷脂则有很好的健脑功能；此外，豆浆可平衡营养，调整内分泌和脂肪代谢系统，激发多种酶活性分解多余脂肪，增强肌肉活力，还有优良的减肥功效。

那么，究竟什么样的豆浆具有什么样的功能呢？

为此，我们选择了全豆豆浆、黑芝麻豆浆、小米绿豆豆浆、核桃花生豆浆四种豆浆进行了自制、品尝以及特别研究，还将它们与超市买到的冲泡豆浆进行了简单对比。

研究结果显示，全豆豆浆有补虚、清热、化痰、降血压等功效；黑芝麻豆浆可以保肝护心、延缓衰老、增加皮肤弹性，助治疗身体虚弱、早衰而导致脱发的效果良好，对药物性脱发、某些疾病引起的脱发也有一定作用；小米绿豆豆浆有清热解渴、消暑祛火、健胃和胃安眠等功效；核桃花生豆浆则有很高的营养价值，是儿童首选的补脑品，可改善记忆力，帮助大脑发育。（特告饮用豆浆分季节的人，从这些功效可以看出，有些种类的豆浆可以向绿豆汤一样，成为夏季清热消暑的好选择。）

另外，我们组内成员品尝后均认为，冲泡豆浆即便标注"无糖"也带甜味，其纯正度与口感都远不及自制豆浆。经上网查阅资料证实，超市买的冲泡豆浆含有较多的添加剂。过多食用添加剂本身就对人体不利，同时，冲泡豆浆中的添加剂也使豆浆本身的营养价值大打折扣。冲泡豆浆所含营养与自制豆浆是无法相提并论的。

【收获与感受】

心得体会

王俊杰：通过这次，也是第一次的研究性学习，我们在重新认识豆浆、了解豆浆、熟知豆浆、爱上豆浆的同时，也了解了如何去进行研究性学习，学会了人与人之间如何合作，才能将能力发挥到最大，这次研究性学习，对我们百利无害。

柏道福：这次研究性学习，我家虽然离得远，但我积极参与，我感到非常高兴，同学们的积极主动让我充满信心，我感受到了集体的力量。

姜泽元：研究性学习是一项庞大的工程，单凭一人之力是无论如何也无法完成的。这时候我们需要的是合作，是整个团队，是大家共同的努力。所以，我们加油！

牛达宁：这次活动不仅让我学到了知识，更让我懂得做事的重要途径——重在实践，只有靠自己的双手才能成功地做好每一件事，自己付出努力才能得到回报，才能得到收获。只有自己勤动脑勤动手，才能真正感到成功之喜悦，即使失败了，也不要灰心，因为有失败才会有成功，有奋斗才会有结果。做任何事最重要的是精诚团结。一个人的成功，需要其他人来帮助、支持、鼓励，所以说团结是成功的保证！

彭倩倩：在研究性学习的活动中，我知道了研究是以小组为单位而不仅仅是靠一个人的力量来完成的。研究要体现团队合作精神。我们就从一开始做好了分工：有的同学打字，有的查资料，有的进行汇总，再集思广益的讨论解决方案。合作、协调、团结，是一个团队取得成功的关键所在。我们在活动中磨炼了自我，也实现了自己的价值。

总结

通过这两周的研究性学习，我们对豆浆有了更进一步的认识，也学会了如何自制豆浆，了解了饮用豆浆的一些禁忌。同时，也熟悉了不同豆浆的各种功效，可谓大开眼界。在此，感谢指导老师的指点与帮助。